图解服务的细节

027

最強販売員トレーニング

最强导购成交术

[日] 北山节子 著

周征文 译

人民东方出版传媒
People's Oriental Publishing & Media
東方出版社
The Oriental Press

目　　录

前　言

营业员，作为站在“第一线”向顾客提供商品的角色，无论何时，在顾客面前都要面带笑容，但在这笑容的背后，却隐藏着营业员痛苦的心声。

“明明很努力，但销售业绩却不见增长。”

“每月必须完成的销售额任务太重……”

“同事间的关系不融洽……”

“要怎么做，才能让顾客获得愉悦的购物体验呢？”

“如今经济大环境不景气，所以很难向顾客推荐高价商品……”

即便绞尽脑汁、竭尽全力，却仍然无法获得明显成效，于是导致工作热情下降。这样的情况，在营业员中并不少见。

而负责指导营业员的相关人员，则需要让营业员提供令顾客愉悦的服务，并且完成既定的销售额目标，因此他们肩上的责任也非常重大。

在这种情况下，以“回归原点”的方式思考，就显得非常重要。即从实际出发，以“局外人”的角度审视自己家的店铺或专柜，或者以消费者的立场看问题。比如思考“顾客为何光顾我们的店”“顾客对于店铺和营业员有什么期待”“自己为什么会从事这种待客销售性质的工作”……

顾客邂逅优秀营业员时的喜悦，顾客购买到满意商品时的喜悦；营业员卖出商品时的喜悦……要以这些幸福的体验为基础，重新思考自己的待客方式及推销方式。这是一条捷径，它能够让偶尔光临的顾客成为自己家品牌的“粉丝”，即“回头客”。

作为待客培训讲师，排解和解答奋战在待客销售现场、从事营业员工作的兄弟姐妹们的烦恼和疑惑，是我的工作内容之一。而本书便是以Q&A的问答形式所构成。书中的内容都是基于近期我在参加研讨会及进行店面指导时经常被问到的问题及我所给出的启示，主要涉及“员工的热情提升”和“卖场实际问题的解决”等方面。

希望本书能给从事营业员工作的读者朋友们带来帮助，祝愿各位能够面带笑容地站在卖场，收获许许多多顾客的笑容，持续热爱这份待客销售性质的工作。如能得偿所愿，便是本人之幸。

待客培训讲师　北山节子

2013 年 10 月

1

与销售额息息相关的交流

卖场的主角永远是顾客。营业员应该贯彻自己“受动方”的身份。因此，在“能说会道”之前，必须先培养“善于聆听”的能力。来店顾客百人百样，其心理状态也各不相同：“具有明确购买目的的”“随便看看的”“遇到不愉快的事情，出来散散心的”“因为心情好，所以来逛逛的”等。作为营业员，首先要把握每位顾客所散发出的“气场”，然后以恰当的方式向其传达感谢与欢迎的心意。然后，通过对话及观察顾客的神态举止，迅速理解该顾客需要的是什么，并以最佳的方式对顾客的期待进行反馈。

问题01 大家明明都很擅长待客，可结果却……

在我所属的店铺，我觉得营业员都能说会道，非常擅长向顾客推荐商品，可这样的优势似乎并没有在实际的销售额中体现出来。有没有什么好的启发性建议呢？

从对话中提炼关键词，并且反映到对顾客提出的问题中

“因为喜欢和人打交道，因为喜欢与人交谈，所以才选择了像营业员这样的待客工作。”这样的人，我觉得的确有不少。也正因为如此，不少营业员往往把重点放在自己想推销的商品和想向顾客传达的信息上，而把顾客想获取的信息放在了次要位置。如果只知道充分运用自身的知识，以丰富的词汇和优秀的提案能力进行单方面的“营销说辞”，则会忽视最为关键的因素——顾客的想法。

作为一名营业员，在“能说会道”之前，必须先培养“善于聆听”的能力。暂且先把“营销说辞”放在一边，首先倾听顾客的言语，并且从中提炼出顾客的需求。顾客说的话中，包含着许许多多的需求及关键词。要切实地汲取蕴藏其中的关键词，并且反映到对顾客提出的问题中。通过这种方式，自然地把对话的主导权交给顾客，从而让顾客能够舒心地与营业员进行对话，就能使得顾客与营业员之间的沟通变得愉悦和通畅。于是顾客便能感到放松，从而自然而然地能向营业员吐露心声。

要点贴士

把顾客的言语与问题联系起来

（例 1）顾客："我想买件毛衣……"→× "这边的羊绒女式套装如何？今天刚到的货，质地很好。而且还在高级成衣展示会上倍受瞩目哦。"

（例 2）顾客："我想买件毛衣。"→○ "您对毛衣的面料材质有什么偏好吗？"

（例 3）顾客："我这人皮肤容易过敏，所以想买棉质毛衣。"→○ "皮肤过敏确实很难受啊。对皮肤刺激小的棉质的话……您看这件毛衣如何？"

问题

02

顾客数量少……

顾客数量少的现状让我很困扰。我所属的店铺属于新兴品牌，知名度不高。身为营业员，对于公司的促销和宣传策略无法插嘴，那我们到底应该做点什么呢？

越是没有顾客的时候，越是要“动起来”

在我刚干营业员这行时，我们店的品牌当时在日本还没有什么知名度，店里经常是“门可罗雀”，但前辈告诫我“在同一个地方停留的时间不要超过3秒钟”。如果整个店铺给人一种“空气凝固”般的死气沉沉感，那么顾客就更不愿意进来了，所以要一直让顾客对店铺有一种“充满生气”的动感印象。这便是前辈教诲的初衷。因此每当空闲时，前辈就会让大家像玩多米诺骨牌那样，对衣架和标签逐一进行排列整理。于是大家就笑容满面地“活动开了”。

时而以愉快的心态一遍遍地排列商品，时而勤快地变换展示的布局，时而改变商品的陈列位置……

我当时所在的卖场，是允许营业员在工作时聊天的。不过前提是手不能闲着，必须一边聊天，一边进行商品摆放及搭配的工作。而作为我，即便是聊天，也尽量让话题涉及对顾客而言有意义的内容，比如与同事交换相关信息。举个例子，如果和同事聊关于某件商品的特点和魅力，以及在不同场合下的搭配方式的话，那么在与顾客进行相关沟通时，事先获得的相关信息就能发挥作用。

据说在某家居酒屋，打零工的学生一族都会一边擦拭着客人所保留的原酒酒瓶（保留原酒服务，又名Keep Bottle，是居酒屋或酒吧提供的一种个性化服务，客人如果一次无法享用完所购买的整瓶酒，那么居酒屋或酒吧就会为客人精心封存保留，以便下次客人光临时可以继续享用。——译者注），一边和同事聊天："某某客人最近没来光顾呢。""啊啊，是那位总是笑眯眯的客人吧。"通过这样的方式，他们一边确认每瓶酒所属客人的名字，一边回想每位客人的音容笑貌。这种方式如果换作在卖场中应用，则是营业员一边翻着记录着顾客信息的会员卡，一边在脑中让顾客的相貌与名字对应起来，并且思考该顾客下次光临时，自己该向其推荐什么商品。

问题 03

只打趣闲聊而不买东西的顾客

有几位顾客每天总是在固定时间打电话过来。顾客对店铺和营业员的青睐之情是值得感谢的，但那几位顾客只是一个劲儿地闲聊，对营业员而言，与销售额的提高完全搭不上边。说实话，陪这样的顾客聊天，有时真的很累人。对于这种“只打趣闲聊而不买东西”的顾客，该如何应对呢？

目前没买东西的顾客，也会在未来成为下单的顾客

在我当营业员时，也碰到过每天在固定时间打电话来的顾客，或者是每天都会来逛一下的顾客。对于打电话来的顾客，我会传达感谢之情：“谢谢您一直以来对我们品牌的关注。我们由衷期盼您能莅临本店。”结果，顾客就不再打电话过来，并且还亲自前来光顾了。

而对于每天都来逛一下的顾客，可以在观察其穿着打扮后，不露声色地询问其爱好和需求。我就曾经遇到过这样的顾客，在经过观察后，我对那位顾客说：“感谢您光临本店。您总是穿得好漂亮啊。您喜欢红色系的服装吧。”而在时机合适时，我便向那位顾客提供购买建议：“下一期的货品单里有您喜欢的红色系。希望您务必前来看看!”结果顾客买了红色的T恤。从那以后，那位顾客成了我们店里的常客，每个季度出新款时都会前来购买。

作为营业员，在接待上述“只打趣闲聊而不买东西的顾客”时，脸上的笑容或许往往容易消失，但要知道，周围其他的顾客也在观察你的待客态度。因此无论目前是否购买，来者皆是客，他们都可能在未来成为购买的顾客，要时刻牢记这一点。

问题04 最强的营销说辞

是否有一种适用于任何商品的、“放之四海而皆准”的“最强营销说辞”呢？

营业员的一句“连我都想要”所具备的说服力

我在一家旧货商店当营业员时，曾经尝试把数量繁多的商品一件件擦得锃亮，然后按照颜色、外形和季节感重新进行整理陈列。于是乎，我自然而然地发现了每件商品的亮点，从而对其产生了喜爱之情。比如有一个咖啡杯，随着我对它的擦拭，它给我的印象也在不断改变。最后经过仔细观察后，我发现那个咖啡杯的设计兼具了古典美和小巧可爱的特点。

当我向顾客推销该咖啡杯时，我自然会吐露出这样的心声：“连我都想要！”于是，那位顾客开心地买下了那个咖啡杯。正是因为站在顾客的立场上真心地产生了“想要”的感情，该商品的魅力才能以自己平实的言语成功传达到顾客的心中。

问题 05 对顾客的同伴该如何接待？

当顾客就要决心购买时，因为结伴而来的朋友、恋人或者家人的一句话而最终放弃。这样的例子时有发生。发生这种事时，作为营业员，有时会觉得顾客的同伴有点“可恨”，面对这种情况，是否有什么对策？

顾客的同伴亦是顾客

当顾客犹豫于是否下单时，营业员的一句“很适合您哦”有时反而会让顾客心生怀疑。相反，在这种情况下，如果顾客的同伴说“挺不错的嘛”，这将会成为使顾客下决心购买的关键驱动因素。因此，营业员要重视顾客的同伴，要努力与其进行顺畅的交流和沟通。

当品牌总部以两人一组的方式对各下属店铺进行暗访式检查时，会发现不少营业员都存在一个问题——对扮演购物者的检查人员面带笑容地礼貌接待，对扮演同伴的检查人员却敷衍应付。作为营业员，必须明白“来者皆是客”的道理，要对顾客平等对待。

比如，在一对情侣光顾的情况下，女方在试衣间时，等待的男方往往会感觉不太自在。这时，如果营业员能以“二位穿得都好时尚啊”这样的言语对男方进行搭话，那么等于在夸奖顾客（女方）穿着的同时，也夸奖了作为顾客同伴（男方）的品位。而在女方从试衣间穿好衣服出来时，营业员也可以询问一下顾客同伴（男方）的意见，从而让男方消除那种“被孤立”的感觉，让他也能够参与到这次购买行为中来。

要点贴士

带着孩子来的顾客

顾客带来的孩子也是顾客重要的同伴。许多带着孩子逛店的妈妈往往因为要照顾孩子而无法全身心地投入到购物的乐趣中，所以营业员应该在店里常备像小椅子、绘本和玩具等哄孩子用的什物，尽力让顾客的孩子在店铺里不会感到无聊，顾客也能够专心购买。

问题 06 改善后却不见成果

为了获得新客源，做了诸多努力，比如重新审视对顾客的推广方式和商品提案方法等，可却迟迟不见成果。有没有什么好办法呢？

作为营业员，关键在于持续牢记“身为顾客的心情”

作为一种不怎么花费预算的方法，我推荐营业员进行“体验当一回顾客”的活动。在店铺里站了一天的营业员，在下班回家后或者休息日时，往往没有心力再去其他店购物了。另一方面，如今是一个商品爆炸性增长的时代，顾客选择店铺的标准已经从商品本身转变为对于“温暖人心”的优质服务的追求。而作为营业员，只有切身体会这种服务所带来的美好感觉，才能在价值观层面与顾客做到一致。

“如果要买同样的东西，接受同样性质的服务，那么我会选择某某店。”这便是顾客的思维方式。从店员的热情、笑容、亲切感，到对待商品的方式、包装外观等，恰恰是这些具体的细节左右了顾客的选择。如果能以顾客的视角敏感地发现其他店铺的优势所在，就一定能够得到启发，从而运用到自家店铺的改善活动中。因此作为营业员，平时要不断努力锻炼，提升这种敏感度。据说有一家咖啡餐馆的老板，每个月都会去一次高级餐厅享受美食，每次都会带回对于菜式及服务方面的新的心得，然后马上运用到自家的餐馆里。当你以顾客的身份发现了其他店铺的魅力时，完全可以直接告诉店员。店员由于被夸奖而展露的笑颜及流露的感动，会让你觉得感同身受，而这种通过顾客视角所体会到的幸福感，正是待客创意的源泉之一。

问题07 在不花钱的前提下，能做点什么呢？

公司总是对下面发出“增加回头客”的号令，却并没有为这方面安排什么特别的预算。在这种情况下，我们营业员能做点什么呢？

帮助顾客消除“小压力”

顾客之所以购物，是为了获得幸福感，而并不只是单纯地为了满足购物欲。“通过购买行为来使得自己精神焕发”，这是所有顾客的共同追求。作为营业员，如果能从顾客的外表神态中察觉到顾客的压力，并帮助其消除之，这样的行为便会成为该顾客再次光顾的契机。举个例子，当顾客把自身的烦恼（如随着年龄增长所导致的容易疲劳、白发、色斑和皱纹等，这些对顾客而言都是不小的压力）吐露给营业员时，作为营业员，就要把自己“秘藏”的压力排解小窍门告诉顾客。

除此之外，对顾客而言，有时到店铺的路程也是一种压力。比如在下雨天，如果营业员能以“下雨天您还特意光顾，非常感谢”的言语向顾客传达感恩之情，顾客就会觉得自己“真是来对了”。遇到驾车前来的顾客，如果当时商场车位紧张，那么对顾客说“现在商场车位紧张，请您停车时注意安全”或“非常抱歉，给您添了麻烦”，则会让顾客感到轻松愉快。

即便在店内，也有许许多多会让顾客感到压力的因素。“地板太硬，站得膝盖痛”“障碍物容易让人绊倒”等等，尤其是上了年纪的顾客，往往很细微的不便因素都会影响到他。因此对于高龄顾客，营业员需要特别关心，比如为其配备能够放置随身物品的地方和小憩的椅子。

问题08 如何才能让大家共同理解销售额目标

总部给我们设定了很高的销售额目标。虽然这可以看成是公司总部对我们期待的体现，但如果完不成目标，就会面临专柜规模缩小的结果。如果我把这一点告诉营业员们，他们的工作热情势必会下降。作为店长，我该如何应对这个问题呢？

把“负面的内容”以“正面的方式”来传达

如果总部下达了“提高销售额”的指示，首先店长和副店长应该彻底理解总部的意图所在。“为什么在这个时候要提高销售额?”店长和副店长要结合政策背景和公司的整体动向，对指示进行理解消化，然后达成一致意见。只有事先做好这样的准备工作，才能以简单明了的方式对部下传达总部的指示。

在对下属店员们传达该指示时，关键因素是有关“传达方式”的微妙措辞。如果只是照本宣科地传达指示“总部下达了要求提高销售额的指示。如果不完成目标的话……”，不管是谁，听了之后都会情绪低落吧。这样自然会导致营业员的工作热情下降。因此，要把像“如果不完成目标的话……”这种表达方式转换成像“如果完成了目标，下期的预算增加自不必说，说不定还能扩大我们专柜在卖场中的面积规模”这种充满正能量的说法。这样一来，店长在传达该指示后，就可以这样总结：“为了完成目标，我希望全体员工齐心协力、努力奋斗。请大家一定要积极地出谋划策、分享创意。”作为店长，就要具备这样“化消极为积极”的能力，从而使卖场的气氛变得热情活跃。

要点贴士

注意表达方式

店长和副店长可能会因为上头布置的指标和任务而感到巨大的压力。但即便如此，在分配部下工作时，还是要注意措辞委婉。

问题 09 如何才能让 DM 和宣传推广产生效果

为了增加客源，我们每个月都会积极尝试各种招徕顾客的方法，譬如投放 DM（DM 是英文 Direct Mail advertising 的略称，直译为“直接邮寄广告”，即通过邮寄、赠送等形式，将宣传品送到消费者手中、家中或公司所在地。——译者注）及花钱宣传。但效果总是不理想。有什么好办法让顾客对我们产生兴趣吗？

要在脑中浮现每位顾客的音容笑貌

在我当营业员时，我和同事们会在会员卡上尽可能地记录顾客的相关信息，从顾客的肖像简笔画、购入商品，到与顾客的对话及顾客的需求等等。制作DM时，在做到把顾客的名字和长相对应起来的大前提下，我们会针对每位顾客进行“量身定制”：一边在脑中浮现相应顾客的音容笑貌，一边写下“致某某客人”，然后把与每位顾客需求相符的商品信息、广告用语写在上面，并且在字里行间洋溢着对顾客平日光顾的感谢之情。于是乎，有的顾客竟然亲手拿着收到的DM来到店里，还对我们说：“一般像这种DM，我都是直接扔垃圾桶的，但你们的是手写的，让我舍不得扔啊。”“上次我没空来，不过收到你们寄的DM，真让我感到高兴!”这种时候，作为营业员，应该面带笑容、以真挚的欢迎和感谢之情对顾客打招呼:“我们一直期待着您的光临。感谢您来店!”

邮寄DM的时机也很重要。应该预测顾客的来店日，然后以此为依据，对顾客收到DM的日子进行调整。即便DM的广告内容能够勾起顾客的兴趣，但如果顾客收到DM的日子与顾客来店购物的日子相距甚远，DM的营销效果就会被顾客淡忘。对于刊登在杂志或报纸上的广告，则需要对文案进行精心推敲，要通过能让消费者眼前一亮，或者是站在消费者的立场现身说法的广告文案，来提升消费者对于商品的期待值，让消费者相信该商品能够满足自身的需求。如果想招徕“下班后顺便逛一下”的顾客群体，则在广告中需要以简单易懂的语言传达店铺日常的促销礼品和优惠信息。

问题

10 如何提高顾客回头率?

我们店的位置不错，所以顾客的入店率很高，可回头率却似乎并不高。要如何才能提高顾客回头率呢?

要对具有价值的邂逅心存感激

如果店铺的位置或地段不错，就等于能够获得更多让顾客邂逅自家商品的机会。比如下班后顺便逛逛的顾客、随便到处看看的顾客等。换言之，位置好的店铺具备一个容易培养自家品牌“粉丝”的环境。不管顾客是否有明确的购买目的，在任何状况或场合之下，顾客都是怀着期待之情来店的。虽然顾客的第一次来店或许是出于偶然，但如果他在你的店里反复获得了诸如“脸上不自觉地出现了笑容”“获得了正能量”“得到了满足”等愉悦体验的话，那么顾客自然会愿意再次光临。

如今已经不再是商品稀缺的“卖方市场”时代，无论何种商品，无论在何地，都能轻易买到手，因此顾客有充分的自由和权力去选择在哪家店购物。因此对店铺而言，顾客的光临其实并不是偶尔的路过，而是非常有价值的邂逅。如果顾客再次光临，证明他心怀不小的期待。比如，如果有数家位置或地段及商品都类似的店铺，在不知如何选择时，顾客自然趋向于在能够获得更多幸福感及感动体验的店铺购买。顾客总是青睐待客热情体贴、且能让自己获得正能量的店铺。这个道理很简单，对于总是以发自内心的笑容欢迎和接待自己的人，肯定会有“还想再见面”的感情。店员高涨的热情、充满活力的工作状态、温暖的笑容，这些才是真正能够抓住顾客的心、让其“欲罢不能”的要素。

问题

11

当顾客提及商品的缺点时……

向顾客传达对于卖方而言有利的信息，即商品的优点。这样的业务能力，我们的营业员都能很好地掌握。可当顾客以“嗯，可这件商品不是有某某问题吗”这样的方式指出商品的缺点时，营业员就会面露难色，或者岔开话题。要如何做，才能在向顾客如实传达商品缺点的同时，又以积极的方式向顾客推销呢？

“YES（是的）·BUT（不过）”式说话技巧

对于你所推荐的商品或服务，如果顾客指出了其中的负面缺陷，其实恰恰证明顾客对该商品抱有兴趣。事实上，在顾客的内心深处，希望营业员先以“您说得对（YES）”的言语对自己的不安心情予以体察和接受，然后再以“不过（BUT）”的表述方式消除自己对该商品的负面看法。因此，作为营业员，要通过语言表达的技巧来向顾客传达商品的魅力，从而引导顾客以积极正面的视角去看待商品。

比如，当我还在店铺工作时，曾经有一位年龄较大的顾客问我：“这家店的衣服是面向年轻人的吧？”当时，我所在店铺的品牌理念的确是以20几岁到40多岁的顾客为目标群体的，但事实上，前来购买的顾客的年龄跨度非常广，从10几岁到80多岁都有。所以，面对那位顾客的疑虑，我如此回答："很多年轻的女白领会买我们家的衣服（YES），不过（BUT）我们家的许多衣服都是基于简约设计，而且很多是不受流行影响的经典款，所以爱穿我们家衣服的顾客是涵盖各个年龄层的。请您也随便看看，挑选一下，这是我们的荣幸。"每当我以这种方式推荐商品时，总是会有不少顾客对我吐露心声："其实我一直都对你们店的衣服感兴趣，只是担心……"因此，对于怀揣不安的顾客，要通过"YES・BUT"式说话技巧，来消除他的不安情绪。

核 对 表

□作为营业员，在“能说会道”之前，必须先做到“善于倾听”。

□那些表面上“只打趣闲聊而不买东西的顾客”，只要你接待得体，也会成为经常消费的回头客。

□由营业员对商品的喜爱之情而流露出的“连我都想要”的真挚语言，是最强、最有效的营销说辞。

□对于顾客带来的同伴，也要予以平等对待。

□在平时购物时要忘记自己作为营业员的“职业习惯”，以顾客的视角看问题，这样能为自家店铺的卖场改善提供启发。

□如果想让顾客成为回头客，就要从眼前的顾客做起，努力减轻顾客的各种压力。

□在对下属店员进行指示时，不要采用“如果不……的话，就不能……”的表述方式，而应该采用“如果……的话，就能够……”这种肯定、积极的表述方式传达指示。

□在以手写的方式制作 DM 时，要在脑中浮现相应顾客的音容笑貌。

□对于顾客提出的否定性的观点，首先要予以接受，然后再以肯定性的语言加以引导。

2

平易近人的店　平易近人的营业员

当一个人在陌生的地方准备向陌生人询问信息时，会下意识地去选择那些看起来友善的人。来店的顾客亦是如此。要想成为一名让每位顾客都愿意和你搭话的营业员，就要让自己的嘴形、眼神、声音和站姿等各方面都向顾客呈现出一种善意的、敞开心扉的状态，并且要选择顾客最为称心的时机开始交流。还有最重要的一点，那就是要在第一时间发现顾客的魅力所在。

问题 12 有人说我们店“不好进”

我们店的营业员工作热情高涨，对顾客打招呼时也是精神饱满，而且热心学习，与商品相关的知识储备很丰富，在推销与揽客时也会以多种方式随机应变。可总部在暗访检查后，却对我们店提出了“感觉‘不好进’，对顾客有距离感”“营业员感觉让人难以接近”的意见。而就算是我们店的常客，也对我们说过类似的话：“在和你们混熟之前，感觉你们店有一点点‘不好进’的感觉。”该怎样做才能让店铺变得平易近人、让顾客更加愿意光临呢？

卖场是为了让顾客购物而存在的，是属于顾客的主场

“欢迎光临！喜欢的话可以试穿一下！”店员在店铺入口如此积极揽客的情景，如今也还能见到。乍一看，店员似乎是在欢迎顾客，但实际上，在不少顾客的眼中，这样的店员就像是把守在店铺入口的“门卫”。对于许多顾客而言，首先使其驻足的是店铺的氛围或吸引自己的商品，然后才是伴随着心理活动的一系列阶段过程——“这是什么呢”（兴趣）→“想瞧一瞧”（关注）→“想仔细看看”（确认·琢磨）→“再认真看一看，想一想”（比较·琢磨）。所以，当顾客的心理明明还只是处在“兴趣”阶段时，营业员就一味地进行推销的话，顾客会感觉营业员是在“逼自己买”，这就会使得顾客失去进入店铺进一步了解商品的

兴致。

此外，如果营业员以四五成群的阵势站在店铺入口，一副“求客若渴”的样子，反而会让顾客产生抗拒感。店铺的入口是顾客获取该店信息的第一个场所。“是否值得进去看看?”“是否是家让人舒心的店?”这些问题，顾客都会在入口处瞬间做出判断。作为营业员，应该在店内以“和风细雨”般不紧不慢的方式整理商品，其间时不时地向顾客投以微笑和“您好”之类的问候语。不去打扰顾客心理和身体的活动，而是以“春风化雨”的方式，默默地关注着顾客。

问题13 要记的东西太多……

我被分配到了新的店铺。由于是全新的环境，像商品的相关知识、管理方法、订货方法等，要记的东西太多了，使我无法专注于接待顾客。在这种情况下，我应该注意什么呢？

无论多忙，都不要忘了“嘴角上扬”

俗话说：闻一知十。而在一家店铺里，其中的“一”便是营业员阳光的表情。如果营业员表情冷淡或呆板，顾客就会对这家店抱有“拒人以千里之外”的印象。即使之后的待客态度和方式再好，但由于顾客对于店铺的第一印象是最强烈的，所以要想挽回是很困难的事情。此外，在卖场里，像开票之类的事务性工作有一大堆，经常搞得营业员非常忙碌。即便在接待客人时能够做到面带笑容，但在集中精神开票和偶尔走神的时候，往往容易绷起脸来。正因为如此，作为营业员，首先应该做到的是时刻注意自己的表情。就算是天生表情不丰富的人，只要能做到让嘴角微微上扬，就能让店铺的气氛变得“平易近人”，使顾客愿意和营业员搭话。

再打个比方，在库房进行的“后场”工作往往很辛苦，比如大量到货时，如果抱着“好重，好苦”的负面想法，作业进度就会变慢。在这种时候，可以尝试在脑中浮现“前场”顾客们的笑容，这样一来，就会产生“要分秒必争，希望尽快把商品交到顾客手上”的正面情绪。从商品的企划、制造到配送，把负责这一系列工序的人们的心血结晶直接交到顾客手中，这便是营业员所担负的责任。正因为如此，作为营业员，不管在什么时候，都不要忘记保持笑容。

问题

14

不擅长称赞别人

我们店尽是些不擅长称赞顾客的营业员，这让我很头疼。对于那些“不知道该夸哪里”的营业员，应该给出什么样的建议呢？

试着称赞顾客最显眼的部分

要想让自己变得善于称赞别人，首先要接受一个理念：在我们这个世界上，对于事物的看法和价值观是多元化的。作为营业员，应该关注顾客身上最为显眼的地方。譬如新奇的发型、新颖的打扮、佩戴的饰品及领带等，这些显眼之处往往体现了顾客的价值观。一个人身上最显眼的地方，正是他最希望别人关注的地方。作为营业员，要对顾客展示的这些“亮点”产生兴趣，并且试着以肯定的态度接受顾客的价值观。

我在当营业员时，曾经有位染着一头红发的顾客从我们店门口经过，那位顾客的头发真可谓是鲜红鲜红，让周围的人都会忍不住出声惊叹。我当时走了过去，用手一边摸着那位顾客的头发（从理论上讲，这是营业员的禁忌行为），一边说：“哇！好漂亮啊！”我当时完全是出于下意识的冲动。结果，那位顾客认真地对我娓娓道来，从自己对于红色的偏爱和执着，到红色所包含的各种各样的丰富内涵，让我受益匪浅。不仅如此，那位顾客还一下子买了我们店里所有红色系的商品。

问题 15 找不到可以称赞的“亮点”

我觉得自己算是善于发现顾客“亮点”的人，但有时碰到穿着和发型几乎不修边幅的顾客，就让我真没辙了。另外，有的顾客确实会让我有种“难对付”的感觉，让我本能地产生抗拒感。有什么办法能够让我改变固有思想，从另一个角度去发现顾客身上值得称赞的“亮点”呢？

顾客的鉴别能力和独到眼光也是可以称赞的“亮点”

如今，消费者挑选商品的眼光可谓一年比一年敏锐。即便把所有顾客都说成是“识货的行家”亦不为过。如果店里摆出了刚到的新货，往往会有顾客在第一时间光顾，他们会一边对营业员说“让我看一下”，一边动作麻利地拿着商品端详。对于这样的顾客，就可以以赞赏的眼光说：“这是我们家刚到的新货哦，卖得很好的。您真有眼光！”

当然，这种方式并不仅仅局限于新商品。只要顾客手拿商品端详时，或是面对试衣镜打量时，都是称赞的时机。营业员可以趁机对顾客报以笑容，然后用与商品相关的话题来打破沉默，比如“您穿这件真的很漂亮”。其实任何顾客身上都有值得称赞的“亮点”，但如果营业员的视野和心胸狭窄，就会在遇到超出自己“接受范围”的顾客时，产生“难对付”的想法。关键在于在产生“难对付”想法的一瞬间，就立刻试着换一个角度去看待该顾客。举个例子，“犹豫含糊”→“温柔隐忍”；“愁眉苦脸”→“小心谨慎”；“傲慢”→“独立自我”……可以像这样从正面的角度去评价顾客的特点。这样一来，自己的“接受范围”也会渐渐得到拓展，最后达到“有容乃大”的境界。

专　栏

提高“称赞”能力的训练“Praise Pairwork（结对称赞活动）”

“Praise（称赞）Pairwork”是和身边同事开展的一种实践体验活动，以类似做游戏的轻松方式进行。通过实际感受被人称赞时的喜悦，以及在称赞对方时，对方的表情变化，来理解“称赞”这一行为的重要性。然后，通过这种“锻炼观察力”的活动，使得营业员变得越来越擅长“找出别人的优点”，最终使得营业员与顾客之间的沟通变得顺畅。该活动的进行方法如下：

①让互相不太了解的两位同事组成一组，用猜拳决定谁是“先进攻”的一方，谁是“后进攻”的一方。

②双方花费 1 分钟时间，记录对方的第一印象（魅力点），比如“正派”“诚实耿直”“开朗”“友善”“声音很好听”等。

③“先进攻”的人花费 1 分钟时间介绍自己、推销自己，“后进攻”的人一边听，一边记录自己的印象。比如“打招呼时很爽朗”“牙齿整齐”“笑起来感觉很友善”等。

④“后进攻”的人花费 1 分钟时间介绍自己、展示自己，“先进攻”的人一边听，一边记录自己的印象。

⑤“先进攻”的人和“后进攻”的人同时花费 3 分钟整理各自的记录。

⑥以②～④阶段所获得的印象和⑤阶段所整理好的记录为素材依据，“先进攻”的人花费 1 分钟称赞“后进攻”的人的优点。

比如“和人打招呼时声音甜美，给人以好印象。牙齿整齐，让人羡慕。态度亲切，笑起来很有魅力”等。

⑦以②～④阶段所获得的印象和⑤阶段所整理好的记录为素材依据，“后进攻”的人花费1分钟称赞“先进攻”的人的优点。

⑧担任活动主持人的讲师通过随意点名的方式让参加者发言，发言内容是关于“自己被称赞的优点”。参加者吐露自己的各种感想。

“还是头一次有人夸我这点，我非常开心。”

“第一次有人说我‘额头漂亮，看起来很聪明’。我今后想弄个更加突显额头的发型。”

“同一组的同事说我‘虽然沉默不语时会给人以刻板的印象，但经过交谈后，发现其实很有亲和力’。我决心今后在卖场时注意保持‘嘴角上扬’。”

……

问题16 业绩优秀的卖场的共通点是什么？

业绩优秀的百货店和大型购物中心有没有什么共通之处？譬如卖场的氛围或风格。

卖场内外洋溢着笑容

在当今经济不景气的大环境下，还能稳步提升业绩、增加回头客的店铺，都有一个共通点——营业员的笑容不仅仅洋溢在专柜内的卖场，而是一直“延伸”到了专柜外的商场通道。营业员不但对光临自家专柜的顾客报以笑容和问候，而且还把友善的笑容和问候带给往来于商场通道的顾客。

比如，营业员一直把顾客送到商场通道，而顾客也以“依依不舍”的表情笑着对营业员点头。此外，还把笑容和问候带给营业员同事，甚至是商场保安和保洁员。这样的情景，会让旁观者都觉得温暖愉悦。这样的空间，任谁都会想再次光临。顾客自然也会产生“想和营业员交流”的想法。不管在哪个时代，顾客光临店铺的本质动机都是相同的："想获得快乐""想获得正能量""想获得满足"。

问题17 如何避免顾客产生“门槛高”的感觉

因为企业总部的整合重组，使得购物中心的商号变成了知名度更高的牌子。作为商场营业员，我感到骄傲自豪，因此饱含热情地站在专柜卖场里工作。可之前一直光顾的熟客却说：“总觉得你们这里门槛变高了，有点不太敢进来了。”问题出在哪里呢？

“营业员对顾客”的关系基础是“人对人”的关心体贴

有时顾客的压力来自于品牌定位和店铺装潢，但很多时候，往往是营业员营造的氛围加深了顾客对于店铺“门槛高”的印象。为了让店铺的“门槛”降低，最有效的方法是让卖场中的所有营业员都开展“改善笑容”的活动。站在“人与人之间关心体贴”的角度上，重新把握“营业员与顾客”的关系。在向顾客以“您好”“欢迎光临”之类的言语进行问候时，脸上应该洋溢出平时对自己的家人、恋人和挚友所展露的笑容。这种笑容与在镜子前通过拼命练习“嘴角上扬”而做到的那种“符合指导手册规范要求”的“业务式”笑容截然不同。把自己从“必须得把商品卖出去”的职业桎梏中解放出来的真挚笑容，才是最为理想的笑容。就像与喜欢的人在街头偶然相遇时所展露的笑容那样，既开朗又温暖。

我当时所在的店铺，无论是与顾客打招呼时、接待顾客时，还是在开票时，所有营业员都时刻提醒自己保持自然的笑容。结果，前来光顾的顾客日渐增多，有的顾客会说“顺路来看看你们”。所以说，营业员是否能展露自然的笑容，是非常关键的。自然的笑容能够拉近与顾客之间的距离，让顾客能够随意轻松地进入店铺；自然的笑容能够营造一种平易近人的氛围；从结果上来说，最终会增加顾客购买的机会。

问题 18 即便向顾客打招呼，顾客也不理睬我

我们的店位于枢纽车站区域内，靠近检票口。受益于较好的地段，进店光临的顾客数量较大。可是在很多情况下，我对顾客打招呼，顾客却不予理睬。问题出在哪里呢？

提示：顾客分两种类型。像与车站等人流集散中心为邻的这种地段较好的店铺，与具有明确购买目的的顾客相比，“顺便路过，进来看看”的顾客要多得多。在思考问题时，要留意这一点。

“春风化雨”般默默关注顾客，站在顾客的角度思考，不要错过与顾客搭话的最佳时机

顾客可以分为两大类，一类是“想和营业员交流”的，另一类是“希望营业员不要打扰自己”的。后一类顾客非常敏感，对这类顾客而言，营业员让他们在店内自由挑选，不去打扰，就是最好的待客服务。

话虽如此，但也不能完全对这类顾客置之不理。要时刻默默地关注着他，注意他对哪种商品感兴趣。不过要注意，不能直勾勾地盯着顾客。顾客如果产生一种“自己在被监视着”的感觉，就会心生不快。此外，即便在打量商品时希望“别管我”的顾客，一旦需要营业员时，他又希望营业员立刻能体察自己的心境。如果顾客开始四处张望，就是需要营业员的一种信号。作为营业员，就要立刻与顾客眼神相对（接受信号）。注意，要让顾客觉得这是一种偶然的行为，而不要让顾客感觉到自己其实一直被营业员关注着。这种“自然而不露声色”的分寸拿捏非常重要。有时，顾客之所以四处张望，其实只是为了找试衣镜整理仪容等。如果这种“信号错误”的情况发生的话，就在与顾客眼神相对（接收信号）后，假装若无其事地把目光移到别处（修正错误）。

接受和修正眼神信号的关键在于“春风化雨”般默默注视顾客。可以在上下班的电车上以眼前的陌生人为对象悄悄进行练习，或者和同事一起互相练习。久而久之，便能自然地做到。此外，一旦营业员具有了这种能力，自身的视野也会更加开阔。

问题19 当使用“洋文”和专业术语时

我是一名电脑及家用电器零售店的店员。顾客对我提出了意见，说我“老是说些‘洋文’和专业术语，让人完全听不懂”。因为专业习惯，我确实会不自觉地使用“洋文”和专业术语，该怎么办呢？

营业员摆出“你当然应该知道”的态度，这是让顾客失望的原因所在

我也经常听人说起类似的情况——第一次买电脑时，由于接待的营业员满嘴专业术语，使顾客感觉自己似乎是落伍的人。具备与所销售的商品相关的丰富知识，并且掌握相关的专业知识，这对一名营业员而言，是非常好的业务素养。但不要忘记根据顾客的年龄及性别等特征采取“因人而异”的推销方式，这才称得上“专业”二字。在IT化与老龄化同时推进的社会环境下，并不是人人都会熟练使用智能手机和个人电脑的。

随着从事营业员工作的时间越来越长，往往会在不知不觉中被这个行业所同化，从而忘记站在顾客的角度看问题。我希望从事营业员工作的人能够想起自己刚入行时的初衷，想起不久前还是一名顾客时的自己。从而做到以顾客的视角重新审视商品，并以与顾客的知识及感性相符合的表达方式去传达商品的魅力。比如，上了年纪的顾客在办理手机套餐时，会问营业员："填写电话号码一栏时是不是要顶格？区号和号码是要紧贴着写的是吧？"可有的营业员却回答："是的，不用加 hyphen（连字符）。"营业员偏偏使用了"hyphen"这个"洋文"，这会让上了年纪的顾客感到自己落伍了。所以说，不仅限于像电脑等电子产品的销售行业，作为营业员，不管你卖的是什么商品，都要认真倾听顾客的言语，然后用顾客所习惯的表达方式予以回应。这一点至关重要，作为营业员，要对此认真推敲和思考。

核对表

□“兴趣→关注→确认·琢磨→比较·琢磨”，要根据顾客所处的不同心理阶段，以最为恰当的方式进行应对。

□即便在没有接待顾客时，也要注意时刻保持“嘴角上扬”。

□不擅长夸人的营业员要尝试称赞顾客“身上的显眼之处”或“挑选商品的眼光”。

□业绩不断上升的百货店或大型购物中心的营业员有一个共通的特征，那就是“笑容一直洋溢到专柜外面”。

□要与顾客建立一种具有“人对人的关心体贴”的关系。

□对于希望“别管我”的顾客，要让他在店内自由挑选，并且“不动声色”地对他进行关注，同时留意他的需要。

□不要使用太多的“洋文”和专业术语，要简明扼要地对顾客传达信息，使每一位顾客都能够听懂。

3

以『人对人』的理念为基础的真诚接待

营业员，作为接待顾客的专业人员，当然会以职业意识接待顾客。不过，如果真的想和顾客建立更为融洽的关系的话，或许应该再一次回到最为质朴的“人对人”的意识原点。回想一下平时对自己的家人、朋友和恋人所表现出的那种发自内心的、自然流露的善意、关心和温柔。这种发自真心的言语和行动，其实恰恰是顾客所追求的东西。如果在面对顾客时，能够“重启”自己的情感，以“人对人”的真诚意识对待顾客，那么就会发现很多之前仅凭职业意识所未能察觉到的顾客心理活动。

问题

20 顾客谢绝我的好意

对于来店的顾客，我希望他们不仅能买到心仪的商品，还能带回一些额外的快乐回忆。因此我为顾客想了很多，也准备了很多，但顾客却经常谢绝我，使我的好意无法得到传达，我该怎么做呢？

要以顾客愿意接受的方式表示好意

如果站在“好意接受者”的立场想问题，就能明白一个道理：接受好意的一方总是倾向于谢绝。为了能够让顾客以更加轻松愉快的心情接受好意，需要对顾客更为周到的体察和关怀。

我在当营业员时，会注意到顾客衣服上纽扣的松动或掉落。一旦发生这种情况，我就会对顾客说：“我们这儿可能有和您纽扣上的线头颜色相近的线，要不给您简单地钉一下吧。”其实我为了应对这种情况，事先准备了各种颜色的线和纽扣，但我总是会注意自己的措辞，故意用像“刚好手头上有”“要不给您简单地钉一下”之类的说法，从而减轻顾客的负担。诀窍在于不动声色，做得就像是“举手之劳”一般。这样一来，顾客势必会接受你的好意，当顾客笑着对你说“多亏你的帮忙，谢谢”时，就等于是完成了一次成功的沟通交流。

要时常站在顾客的角度看问题，可以采取像“换做是我的话……”“如果营业员这么对我，我会感到高兴”之类的思维方式；也可以和同事一起讨论诸如“如果这么做的话，顾客应该会感到高兴吧”之类的问题，从而共同探讨出更好的待客方式。

问题 21

当让顾客久等时

为了购买热销商品，店铺前顾客排起了长队。身为营业员，这是非常值得高兴的事情。但另一方面，一想到要委屈顾客排队等待，又让我心有不安。有什么好的问候和接待方式，能够减少顾客因为等待而产生的不便和不快呢？

从顾客等待到购物完成的整个过程中，营业员能做些什么？

在一家熟食店的排队经历让我印象深刻。当时，店员以非常恭敬的态度对每位顾客表示感谢和致以歉意：“谢谢您的惠顾。让您久等了，非常抱歉。”店员在这么说的同时，会以真挚的眼神与每位顾客对视。这给我留下了很好的印象。

而且，当时排在我前面的顾客问店员：“还要排多久呢？”店员回答：“十分抱歉。还需要麻烦您等待五分钟。”店员说话的口气和态度充满了歉意，让人感觉到了诚意。作为营业员，如果能够像这样以“具体数字”的方式对顾客传达需要等待的大致时间，就能让顾客的急躁感减轻不少。实际上，当时没等五分钟就轮到这位顾客了，因此他顿时心情大好，还说：“好快啊！”不管是谁，碰到这样的“剧情转折”，都会高兴起来的吧。不仅如此，在结账时，收银台前的店员又对顾客深深地鞠一躬，并说：“让您久等了。感谢您的惠顾。”然后动作麻利地完成收银。通过这一系列动作，传达了“不想让顾客再花费时间等待”的诚意。

“让顾客等待，等于是索取了顾客宝贵的时间”。身为营业员，要明白这个道理。并且，在面对排队等候的顾客时，诚挚地表达自己的感恩之情。

问题 22 当顾客向我问路时

由于我所属的专柜位于商场自动扶梯旁，因此经常会有顾客来问我诸如“某某品牌在哪个位置”之类的问题。如果目的地较远，那么我就难以把路线说清，从而导致顾客迷惘。我该如何改善这种情况呢？

要注意用词，慎用“那边”，多用“这边”

当顾客询问“某某品牌在哪个位置”时，想必有不少营业员会以“在那边”的方式回答。然而，“那边”这个词，往往用于描述“与目的地之间还存在距离的地方”。对顾客而言，这样会导致营业员的路线说明更加复杂难懂，最终给顾客造成“双重压力”。

因此，在这种情况下，营业员要站在顾客的立场，把顾客带到其所希望到达的地点，然后对顾客说“就在这边”。这样的做法要体贴得多，势必会让顾客感到愉悦。

要点贴士

把顾客的诉求转告顾客目的地的店员

在商场之类的大型卖场中，当营业员把顾客带到目的地的途中，顾客有时会告知自己的需求："我想买某某商品。"因此在到达目的地后，营业员应该把顾客的需求转告给目的地专柜的负责人，这样顾客也会感到愉悦。

问题 23

如何才能让问候语直达顾客的心灵

我在卖场能够做到勤说“七大待客问候语”：“欢迎光临；感谢您对本店的厚爱；明白了；请稍等；让您久等了；感谢您的惠顾；期待您的再次光临”。我在向顾客问候时，既声音洪亮，也不会遗漏某句用语，可我的语调就像是重复播放的录音，身为店铺的营业员，连我自己都有一种“冷冰冰”的感觉，如何才能让问候语直达顾客的心灵呢？

要仔细推敲问候语的含义

“不好意思，能给我拿条湿毛巾吗?”“好，明白了。请稍等。”这是顾客与店员之间稀松平常的对话。店员往往会满脸笑容、条件反射般地像这样回应顾客的要求。但事实上，顾客的初衷是由于没有湿毛巾而感到了困扰和不便，作为店员，理应对顾客抱以“照顾不周”的歉意，因此最为恰当的回应原本应该是“非常抱歉。我马上去给您拿来”。

而简单的一句“好，明白了”，其中亦包含着营业员对顾客的责任。因为这句话包括两层意思，第一层是“我慎重地接受您的要求”，第二层是“我会立刻付诸行动”。同理，一句看似最为平常的“欢迎光临”，其含义是“在多如繁星的店铺之中，感谢顾客选择了自己所在的这家，并对于顾客的莅临表示欢迎”。

要点贴士

以“七大待客问候语”为例的具体说明

“七大待客问候语”是业内的一种常见说法，但实际上，根据卖场或店铺的具体情况，待客用语也是五花八门。以下为部分实例，冒号后标注的内容是营业员在对顾客说出该问候语时应该倾注的感情。

◆“欢迎光临”（感谢顾客来店）；

◆“感谢您对本店的厚爱”（感谢顾客一直以来的惠顾）；

◆“明白了”（明确地聆听并接受顾客的要求）；

◆请稍等（以感恩的心情“索取”顾客宝贵的时间）；

◆“让您久等了”（心怀歉意）；

◆“感谢您的惠顾”（感谢顾客的来店及购买行为）；

◆“期待您的再次光临”（送别顾客，祝愿顾客平安到家）。

问题 24 礼貌待客的“陷阱”

我们店的营业员充满工作热情，对于总部安排的外部讲师定期培训活动也抱以积极的态度参加。因此在“礼貌待客”方面，我们店的营业员可以说是很有自信的。可在实际待客时，我们的营业员却时常遭到顾客的冷遇：有时顾客不等营业员把话说完，就会以不耐烦的态度直接说出自己的要求；有时顾客风风火火地离开，营业员根本来不及说完送别语去送别顾客……类似这样的情况并不少见。问题究竟出在哪里呢？

不要把自己的“待客套路”强加于顾客

顾客可谓是“百人百样”。而且就算是同一位顾客，其情绪也是在时刻变化的，因此也可以说是“百人千样”。即便是连续两天来店光临的同一位顾客，其昨天和今天的心理状态也可能会判若两人。在顾客对店铺日益“挑剔”的时代，如何以具有弹性的方式灵活应对顾客的这种“百人千样”的现实情况，是一个非常关键的问题。因此作为营业员，不要把自己的“待客套路”强加于顾客，而要努力揣摩和领会自己面前的顾客的情绪和想法，然后“投其所好”，这一点非常重要。

比如，营业员要根据顾客的实际情况来调整自己的语速。如果面对一位赶时间的顾客，营业员还是以不紧不慢的“优雅”方式接待，则顾客自然会心生不满，从而发出“别磨磨蹭蹭”的抱怨。这种情况下，营业员应该在待客时做到“礼貌且迅速”；相反，对于时间充裕、想听取营业员对商品的详细说明并慢慢琢磨的“享乐型购物”顾客，如果营业员语速较快、动作麻利得不留水分，则反而会给顾客留下“冷漠”的印象。举个具象化的例子，待客其实就像棒球中的“传接球练习”一样，如果两个人投球的速度“一快一慢”，则投球和接球就无法形成节奏，双方都无法乐在其中。待客亦是如此，最为理想的状态是，营业员通过认真接收顾客的“情绪电波”，观察并把握对顾客而言最好的时机，从而调整与顾客沟通交流的语速，甚至把自己呼吸的节奏都调整到与顾客一致。

要点贴士

减轻顾客的“焦躁感”

比如在隐形眼镜专卖店，当顾客打电话来要求再次订购同样的镜片时，如果在营业员说完“我是○○店的○○。感谢您对本店一直以来的惠顾。请问有什么能帮您的吗”这一串问候语后，顾客“直奔主题”地回答“我叫○○，我的会员卡号是……”那么作为营业员，就应该体察到顾客的心境：顾客或许以同样的方式订购过好几次，所以想以同样的流程快点搞定；顾客或许非常着急，在赶时间。于是，营业员应该回答“明白了”，并以简单扼要的方式告知顾客“会马上为您解决”，这样就能减轻顾客的“焦躁感”。

再比如，顾客明明想快点在收款柜台付款、拿货、离开，可营业员却还特意从收款柜台里走出来把商品亲手递给顾客，这看似“无微不至”的待客服务，反而会增加顾客的“焦躁感”。因此作为营业员，要时刻注意自己的待客方式，只有与顾客的实际情况相适应的待客方式才是最好的。

问题25 是否应该向顾客推荐其他店？

最近，有的百货商店和旅游公司公开宣传“为了顾客，可以推荐竞争对手的商品或服务”的思想，这么做真的好吗？难道不是一笔“亏本买卖”吗？

顾客的信赖胜过眼前的销售额

不要忘记，即便是卖场的“顾客对营业员”的关系，也是建立在“人与人之间情感交流”的前提之上的。所谓顾客，说到底就是选择了你所属空间（店）的来客，并且想购买你店内的某样商品。作为营业员，需要竭尽全力满足顾客的要求，从而获得报酬。我认为这便是“做买卖”的基本要素。举个例子，顾客明明想买黑色的衣服，可店里正好没有黑色款的，这时候如果硬把与黑色相近的藏青款推销给顾客的话，结果会怎样呢？虽然眼前的销售额有了保障，但并没有真正帮到顾客，营业员这一个体和店铺这一整体也都无法获得顾客的信赖。

我在当营业员时，隔壁的专柜是一家与我们是竞争关系的同类品牌。但我并没有和那家专柜“针锋相对、争夺客源”，而是尽量以“互帮互助、共同发展”的态度与他们和谐相处。有时顾客想买的商品在我们家正好没货，而隔壁那家有货时，我就会把顾客介绍给隔壁那家：“隔壁那家的品牌有黑色款的，要不我带您过去看看？”这么一来，当隔壁那家碰到相同的情况时，也会把他们的客人介绍给我们。就这样，我们两家的营业员渐渐熟悉了彼此品牌的商品款式，当其中一家的营业员人手不够时，另一家甚至前去“救场”，帮忙接待顾客。结果，我们两家的友好合作使得更多的顾客高兴而来、满意而归。不但两家店都获得了顾客的信赖，还提升了顾客对整个百货商场的信赖感。

问题 26 如何接待已经发了 DM 的顾客？

我们店会定期地向顾客邮寄 DM，可顾客却不太有什么反应，顾客来店时也很少谈及有关 DM 的话题。我们用电脑精心设计的 DM 上，还会写上致顾客的信息。到底哪里还做得不到位呢？

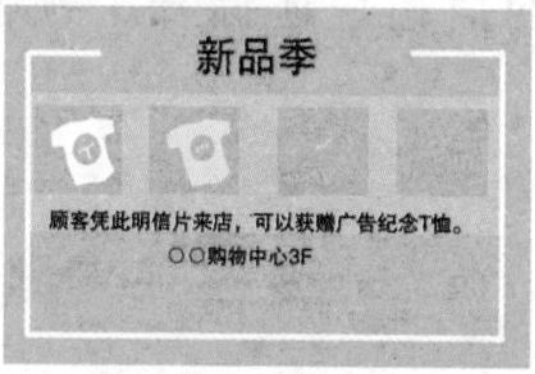

手写的信息＋能够让回头客倍感亲切的待客方式

我曾经在一家店一下子买下好几件 T 恤，当时是头一次光顾。后来那家店给我寄来了明信片。明信片上印着“顾客凭此明信片来店，可以获赠〇〇礼物”的字样，而在印刷文字的旁边还有营业员手写的信息：“〇月〇日，我们店将有一批您可能会中意的新款 T 恤上市。尊敬的北山女士，我们全体店员由衷期待您的光临。”明明是只光顾过一次的店铺，却还能记得我，而且还寄来这种附有手写信息的明信片，这自然是让人很开心的事。于是我马上去了那家店，找到了当时负责接待我的营业员，可对方却不记得我的相貌和名字，这让我感到有点失望。

只有一边在脑中浮现每位顾客的音容笑貌，一边以“直达顾客心灵”的真挚语言书写信息，DM 才能发挥其原本应有的“吸引顾客”的效果。为此，全体店员都要在平时努力记住每位顾客的长相和名字，这一点很重要。即便 DM 是以广告宣传为目的的一种手段，但如果顾客对当时接待自己的营业员还留有印象的话，就会把 DM 上的信息看作是店员给自己的“私信”，从而心生亲切感并再次光顾。作为店员，要对顾客的这种回应表示感谢，并叫出顾客的名字。即便实在记不起顾客的名字，也要通过“谢谢您的光临”、“感谢您上次购买了我们家的○○商品”等言语，向顾客表达欢迎之情。

问题27 怎样才能让营业员时刻牢记“笑容是待客之本”

“要时刻保持笑容”。对营业员而言，这是让人耳朵起茧的“老生常谈”。但我身为管理人员，在指导营业员时，又不得不一直反复强调。因为“保持笑容”看似理所当然，但营业员一忙碌起来就容易疏忽，脸上的笑容不知不觉就消失了。这种情况并不少见。我想让卖场中时刻洋溢着营业员的笑容，该怎么让营业员认识到“笑容”的重要性呢？

上司首先要以身作则，面带笑容

经常会有企业邀请我去做演讲，而企业干部往往会以温暖的笑容欢迎我。所以我就想“既然企业的高层如此笑容满面，那么其下属的员工们肯定也会在轻松和谐的气氛中欢迎我吧”，于是我充满期待。

可当我一步入演讲会场，刚才还一直面带笑容的干部却立刻变得一脸严肃，散发出威慑的“气场”，他对在座的基层员工（营业员）进行“激励喊话”：“我们要开展‘微笑服务运动”了！大家脸上要有笑容！要有笑容！”让人头痛的是，这位高层干部所携带的“严肃病毒”的感染力太过巨大，搞得会场里的基层员工（营业员）个个很紧张，一张张表情严肃的脸出现在我的面前。之后，走上讲坛的我说的第一句话就是：

“刚才和贵公司的领导打招呼时，他的笑容真的非常温暖，让人感觉非常好。因此我也很期待大家的笑容。”在这么说的同时，我的脸上也洋溢着发自内心的笑容。于是，那位高层干部的脸上又恢复了笑容，这么一来，会场的基层员工（营业员）们也都重新露出了笑脸。可见，笑容的感染力也是巨大的。

在培训营业员时，如果想让营业员做到时刻面带笑容，基本方法是指导员以身作则，自己先展露发自内心的笑容。上司如果展露笑容，那么下属自然会笑容满面。而一个洋溢着笑容的地方，自然会吸引顾客光临。

问题 28 如何分辨顾客是否愿意闲聊？

我认为与顾客闲聊也是待客的一门“功课”，但偶尔会出现营业员在“逼”顾客和自己闲聊的情况。愿意闲聊和不愿闲聊的顾客，要怎样才能分辨呢？

要根据顾客的态度来揣摩其心理

许多营业员具有高涨的“服务热情”，因此容易倾向于“不能让顾客感到无聊”的思维方式。还有不少营业员把和顾客闲聊看作是自己的义务，觉得自己必须能说会道，甚至还会像相声演员那样，因为没有好的“包袱”和“打诨”而发愁。

有一位40多岁的男性曾经有过这样的抱怨。他是一家理发店的常客，由于信赖那家理发店的技术，他已经持续光顾十多年了。每次进店，只要说一句“按照老样子剪”，店员就能心领神会，这点让他非常中意。但唯独有一点让他有所不满：店里的年轻理发师都爱和客人闲聊，而他的需求却是“尽快理完发，在理发过程中让头脑彻底放松，什么都不想”。他希望理发师能够体察他的想法，所以理发师对他搭话时，他只是敷衍地用“嗯”“哦”等简短的言语冷淡回应，但理发师却仍然自顾自地滔滔不绝。

愿意与店员闲聊的顾客会主动和店员进行眼神交流，并满脸笑容地主动提出话题；反之，不愿意与店员闲聊的顾客则会回避店员的眼神，对店员的搭话也只是绷着脸敷衍回应。就像我在前面所说的，店里的主角是顾客。营业员在“能说会道”之前，必须先培养“善于聆听”的能力。要留心观察顾客的表情和态度，聆听顾客说话的语气和音调，从而揣摩顾客的心理。坚持这么做，就肯定能够渐渐对顾客的需求了如指掌。

问题

29

太过拘泥于指导手册

我们店的营业员工作非常认真，但感觉完全被“指导手册”上的规章制度给限制死了，导致他们有时反而无法以“想顾客所想”的方式提供服务。希望能通过实例，讲一下类似于“适当游离于指导手册之外”的优秀待客方式。

只有发自内心的语言，才能直达顾客的心灵

与指导手册的理论内容完全一致的“样板型顾客”是极为少见的。说来惭愧，我在刚入行当营业员的“新人时期”，也因为在实际待客中生搬硬套指导手册而出过洋相。

当时，我因为之前没有学习过与服饰相关的专业知识，所以指导手册就成了我爱看的“红宝书”。我把里面的内容都给背了下来，在卖场“严阵以待”。一位带着孩子的顾客走了过来，我脑中立刻开始“翻书”：指导手册中讲过如何接待这种“带着孩子的顾客”。在第 39 页，场景 A，要称赞，15 度鞠躬，嘴角上扬，声音洪亮地向顾客打招呼。于是我按照指导手册上写的那样，卯足了劲，满脸堆笑地对顾客大声搭话：“欢迎光临。啊！您的宝宝长得好可爱！”结果，顾客先是一脸惊愕，然后就像是面对可疑人物那样用手护着她的孩子，离开了我们的店。我当时心里直犯嘀咕：不会吧。我明明完美地按照指导手册里的内容做的啊。但事实就是如此，我的一番夸奖，完全没有传达到那位母亲和她孩子的心里。

因为我当时只是照着指导手册“鹦鹉学舌”而已，言语中完全没有一丝情感。其实我这人平时就很喜欢小孩子，所以如果当时能以自己平实的语言，发自内心地对那个孩子的表情、着装和身上的熊猫图案小挎包表达喜爱之情“好可爱啊”，那么就肯定能自然而然地和顾客拉近距离，从而进一步交流。

要点贴士

指导手册的本质是什么？

指导手册是根据不同的状况、对员工解释工作流程和岗位礼仪等业务知识的工具书。对于作为“企业脸面”的营业员而言，指导手册的作用是为了让每位营业员的工作互相协调一致。

问题
30
如何减少顾客的退货率

我们店虽然销售额不错，但总部批评我们的退货率居高不下。在如今经济不景气的大环境下，营业员也不得不使出浑身解数，说得好听点叫“充满自信地推销”，说得难听点就是“略带强硬地推销”，这是难以否认的现实。即便如此，一想到“花了这么多时间和精力才卖出去的商品，却被退货了”，还是会感到沮丧。怎样改善工作，才能减少顾客的退货率呢？

顾客退货的真正原因

顾客之所以退货，都是有原因的。不管属于何种情况，总之要先倾听顾客的诉求。营业员如果太过执着于眼前的销售额，就容易采取“强硬推销”的手段，其结果是无法看清关键问题（顾客的需求是什么），而一味地把精力放在“把商品卖出去”。作为营业员，应该循序渐进地让顾客对自己“敞开心扉”，获得顾客的信赖。从而与顾客建立起“无话不谈”的关系。这才是重中之重。如果能够养成认真倾听顾客需求的习惯，就能锻炼自己各方面的“提案能力”。不仅如此，如果把从顾客那里获得的意见或建议告诉公司的企划部门，还能为商品的设计制造做出贡献。

反之，如果采取带有强硬性质的推销手段，即便顾客最终购买，信赖关系也无从谈起。站在顾客的角度就能明白：顾客都希望在感觉自在轻松、能够自由挑选的店里购物。有不少顾客之所以退货，是因为“当时营业员硬要推销这款，自己无法拒绝才买下了”，这样的难言之隐，顾客在退货时是不会告诉营业员的，但只要站在顾客的立场上换位思考，就很容易理解顾客有多为难。只有“想顾客所想”的营业员，才会让顾客产生“还想再打交道”的感情。

核 对 表

□不要把自己的好意强加给顾客。要采取顾客易于接受的方式方法。

□在对顾客使用“七大待客问候语”时，要认真琢磨和推敲每句问候语背后的深义。

□营业员在待客时不能用“固有的套路”，而要根据每位顾客的性格类型和心理状态来灵活应对。

□与眼前的利益相比，应该更重视“如何让顾客拥有愉快的体验”。要把目光放长远，如果获得了顾客的信赖，就一定会对销售额的提升有所帮助。

□要通过平日的努力，让每位顾客的长相和名字在自己头脑中能一一对应起来，对于手持 DM 来店的顾客，要在问候时能够叫出对方的名字。

□为了让营业员能够做到“时刻保持笑容”，上司和高层干部首先要以身作则，发自内心地展露“表率式”的笑容。

□对顾客而言，被接待的整个过程是非常重要的时间。身为营业员，在“是否与顾客闲聊”这件事上要察言观色、谨慎应对。

□不要太过拘泥于指导手册，有时要优先考虑眼前顾客的需求。

□如果能够和顾客建立起信赖关系，让顾客愿意和营业员商量，则退货率自然会减少。

4

如何解决顾客的投诉和烦恼

如今，社会不够稳定，经济不太景气，由于种种压力而忧心忡忡的，绝不仅仅是营业员，来店的顾客亦是如此。对于想“获得正能量”“重新找回笑容”而来店的顾客而言，如果自己的期待没能得到满足，就会感到非常失望，有时甚至还会感到愤怒。一旦出现这种情况，作为营业员，应该怎么做，才能与顾客重建愉快和谐的关系呢？在本章，让我们以实际发生的各种“顾客纠纷”案例为素材，试着站在顾客的角度进行思考分析。

问题 31 如何应对顾客的抱怨

对我们店的商品或服务不认同的顾客，会对我们的营业员提出诸如“这件商品，这里有瑕疵”“就不能再改进一点吗”“这价格也太贵了点吧”之类的抱怨。营业员往往就会非常灰心丧气，当该顾客再次光临时，营业员由于紧张和害怕，连脸上的笑容都消失了。有什么对策吗？

顾客不满的本质是期待

如今的顾客，都是挑选商品的天才。在这个商品过剩的“买方市场”，顾客会以严格的标准去比较和衡量商品。他们会在百货店、大型市场和零售店，以及网上去对同类商品进行比较。他们的眼力甚至胜过营业员。

顾客辛辣的批评有时或许会让营业员感到气馁，但在批评的背后，其实暗藏着顾客对店铺的期待之情。正因为目光敏锐、在选择商品和店铺时采取毫不妥协的“高标准、严要求”，甚至连细节都不放过，顾客才能向营业员和店铺“进呈忠言”。因此作为营业员，应该对于顾客的这种批评指正表示感谢：“能这样仔细地观察本店，并且认真提出意见的顾客，您是第一位。

真的让我们受益匪浅，谢谢您!”“感谢您指出我们的不足之处。我们会努力在今后的商品设计中进行改善。”正因为对店铺抱有期待，顾客才会特意提出诸如“这里还不到位”“这里有问题”之类的意见。没有比这更值得感恩的事了。

据说有一家餐饮店曾经打出“欢迎客人踊跃提出意见。一条意见奖励 100 日元”的口号。于是顾客的意见蜂拥而至，而那家店对这些意见虚心接受、不断改正。结果该店的回头客率和营业额都得到了大幅提升。顾客的不满，真可谓是“上天的启示”。

要点贴士

如何安慰被顾客抱怨的店员

对于因为受到顾客抱怨而丧失工作热情的店员，可以像这样对其进行安慰：“我觉得顾客之所以向你抱怨，是因为你给人以真诚可信的感觉。多亏了这样的抱怨，我们店的全体员工才能重新审视店里各方面的不足之处，并加以改善！这一切都是你的功劳。谢谢你。”

问题32 如何应对顾客“不近情理”的投诉

曾经碰到过两种“不近情理”的顾客投诉：①“牛仔裤的裤脚改得太短了，想退货”；②“放了漂白洗剂洗涤后褪色了，所以想换一件”。①当时把商品交给顾客时，营业员向顾客确认了两次裤脚尺寸；②关于商品上所标注的洗涤方法，营业员当时向顾客作了说明；所以营业员并没有错。这两种情况都不属于可以退换商品的范围，但作为营业员，站在顾客的立场上，应该怎么做，才能杜绝这种问题的发生呢？

顾客“不近情理”的投诉，对店铺和服务的改良而言其实是一种启示

让我们来分析一下上述两种情况。

①在购买时，顾客明明对裤脚尺寸表示了认同，但却对“完成品”感到不满意，这说明在涉及裤脚尺寸等改衣细节时，营业员应该向顾客进行更为细致的再次确认。比如，向顾客明确说明裤脚按相应尺寸裁剪之后的具体外形，并且，为了让顾客有更为明确而感性的认识，可以根据不同的 TPO（即时间、场合、地点）对顾客提供建议。比如根据所穿的鞋子的不同（如有跟鞋、运动鞋等）或者衣着的不同。

②关于衣服的洗涤标识，在以语言传达的基础上，还应该一边向顾客实际展示标识，一边和顾客一起确认上面的洗涤注意事项，从而真正让顾客做到心里

有数。

我在当营业员时，也有过同样的经历。当我把类似上述的情况反映给公司总部后，我们公司商品上的洗涤标识就得到了改良，变得更加简单明了了。相应地，作为“基层第一线”的全体店员也都理解了自家商品的特征及处理方式。营业员们都养成了“一边把自家的衣服或裤子翻过来，和顾客一起确认上面的洗涤标识，一边认真仔细地向顾客说明洗涤时的注意事项”的习惯。至于类似“改裤脚”等涉及尺寸裁剪之类的情况，则根据不同的 TPO，为顾客准备了不同类型和高度的高跟鞋等，这让顾客感到非常高兴。如此改良的结果是：之前与牛仔裤相关的顾客投诉还零星存在，这以后便逐渐消失了。

问题 33 如何把顾客的投诉案例灵活运用到卖场的改良中

具体要怎样做，才能把顾客的投诉案例灵活运用到卖场的改良中呢？

要“精确到细节”地记录已经解决的投诉案例

我建议准备一本用来记录投诉案例的笔记本，相应负责人把“何时”“何地”“在何种情况下发生的”等细节，以5W3H（5W3H分析法又被称为“八何分析法”。此方法被运用于顾客分析、市场需求分析等方面。详见P127的“要点贴士”。——译者注）的分析方法，认真细致地记录投诉案例的整个过程。并且还要根据各详细阶段，写下问题症结和“从投诉发生到获得改良启示”的整个推导过程，并通过与全体店员分享这些信息，来提高每位店员处理投诉的能力，这样一来，即便店长或负责人不在岗时，任何一位店员都能应对投诉。

此外，如果顾客针对某项服务或某件商品的投诉较为频繁，对企划部门而言，这些信息便是重新审视商品设计制造的宝贵参考资料。不仅如此，这本笔记本也会成为今后待客方针的“实战”指导手册。

要点贴士

一定要把投诉记录下来

记录投诉案例时，要采用 5W3H 分析法，也就是记录如下项目：

“When”何时（顾客何时购买、何时投诉）、“Where”何地（在何地发生、在何种状况下发生）、“Who”谁（顾客的全名，还要注明正确的联系方式）、“What”何种商品或服务发生了何种问题（品名、货号、颜色、尺寸、价格）、“Why”为什么（原因）、“How to”怎样（何种状况、何种状态）、“How many”多少数量（积分、穿戴时间长度、保管时间长度等）、“How much”多少钱（顾客需要负担相关费用的情况）。

在做记录时，注意遵循“谁都能看懂”的原则。

问题34 与顾客通话时的注意点

我们店的营业员几乎没有收到过因为面对面待客不周而导致的投诉，但与“通过电话应对顾客”相关的投诉却为数不少，这让人很头痛。在电话应对顾客时，有哪些应该注意的地方吗?

正因为对方看不见，所以更要注重礼仪

对着电话话筒鞠躬表示谢意的行为，有的人会嘲笑其“太滑稽”。但如果真的想对电话另一头的人传达发自内心的谢意，即便对方看不到，自己也会不自觉地点头哈腰。正因为通电话时无法看到对方的表情，所以倘若不做到真心实意，就很难把自己的意思传达到位。而如果采取“假惺惺”的态度，则电话那一头的人很容易感受到。顾客在无法借助视觉来了解营业员时，其听觉就会变得更为灵敏。因此营业员在应对顾客时应该和面对面时一样，甚至要比面对面时更加用心。试着紧绷着脸和面带笑容地对着电话话筒分别说一句“谢谢您”，明显能感觉出不同。对顾客表示歉意时亦是如此，一句“非常抱歉”，如果以严肃、真诚

的态度说出来，并且真的做出低头认错的动作，那么顾客就会在电话的那一头通过耳朵切实感受到。

此外，对于顾客的来电，如果出现“之后我会和您联系”“请允许我们这里调查一下，一会儿给您回电”等无法立即回应顾客需求的情况，一般来说，要确认好来电顾客的姓名和电话号码。如果需要花费时间调查的，则务必要事先告知顾客需要等待的大致时间。

在接起电话、自报姓名时，要把语调提得比面对面待客时稍微高一点，以便让顾客听清。要注意以真心诚意的态度应对顾客，并且面带发自内心的笑容，这样一来，顾客自然能够感受到你的诚意。

问题

35 没有足够的时间去待客

我想认真礼貌地接待眼前的顾客，但花费宝贵时间排队等候的顾客也让我很在意。上司要求营业员“提高待客效率”的要求又让我感到压力很大。这样的客观现实导致我有时只能向顾客提供“半吊子”的服务，这让我很苦恼。是否能够提供一点建议，来打破这样的僵局呢？

要意识到“顾客把宝贵的时间交付给了自己”

要认识到一个道理：眼前正在接待的顾客也好，正在排队等候的顾客也好，他们的每一分每一秒都是非常宝贵的。如果在待客时能够意识到“顾客把如此宝贵的时间交付给了自己”，那么在对顾客说“请您稍等一下可以吗”“让您久等了”等待客用语时，不管是语言还是表情，都会自然地充满诚意，而顾客对此的反应也会有所改观。

此外，为了尽量减少顾客等待的时间，改善“后场”也是非常重要的一环。要把卖场“后场”的储藏室（内仓）当成“另一个卖场”来进行整理整顿，让任何一名店员都能对库存状况一目了然，从而做到能够在第一时间拿货、出货。像这样的改良工作是必不可少的。

要点贴士

卖场的小窍门

储藏室不仅仅是单纯堆货用的内仓，还是反映卖场情况的一面镜子。如果一个储藏室整理得井井有条，就能对诸如“今天哪些商品销路好”“这周哪些商品销路好”等信息做到一目了然。

问题36 不擅长向顾客传达商品的缺点

可以说每位营业员都擅长说明商品的优点，可当顾客一提到商品的缺点时，不少营业员就会顿时变得支支吾吾。对于这种情况，有没有什么启发性的解决对策呢？

先把商品的缺点告诉顾客

不少营业员会把“商品的缺点”等同于“商品的负面信息”，从而倾向于把这种“会增加顾客不安感”的“难以启齿的坏消息”拖到后面再说。事实上，顾客越是对商品产生好感，或者对商品的喜爱之情越大，营业员就越难对顾客传达商品的缺点。因此“拖到后面再说”的做法，其实是严重错失了传达商品缺点的恰当时机。说话是一门奇妙的艺术，在谈话临近结束时所听到的内容，往往会在听者脑中留下更为强烈的印象。从该意义层面上看，“先说缺点”“再说优点”的方式，反而更能充分地向顾客传达商品的魅力。

举个例子，比如要推销一款全世界仅此一件的进口古董表。“这是仅此一件的稀罕之物，全世界就这么一件，不过坏了就没法修了”和“虽然这表坏了就无法维修，但它是全世界仅此一件的稀罕之物”，这两种表达方式，哪种会给人以好印象呢？虽然只是变换了优点和缺点的传达顺序，但后一种说法就把包括缺点在内的商品价值以富有魅力的方式表达了出来。先告诉顾客缺点，再告诉顾客优点。即便是对商品品质抱有不安的顾客，也会因为“营业员一开始就诚实地告知商品的缺点”这一行为而产生信赖感，之后在确认了商品的优点后，如果顾客对于商家能够提供的售后服务满意的话，便会在对商品充分认同的基础上最终购买。

要点贴士

要按照“缺点→优点”的顺序告知对方

×东西好，但价钱贵（优点→缺点）

○价钱贵，但东西好（缺点→优点）

×你这人机灵乖巧，但丢三落四（长处→短处）

○你这人丢三落四，但机灵乖巧（短处→长处）

问题 37 不得不离岗时

在如今经济不景气的大环境下，店铺中的店员数量总是捉襟见肘。特别是在只有两名营业员的情况下，如果其中一名轮到休息了，那剩下的一名就连上个厕所也要费一番周折。而且偏偏越是在内急的时候，就越是有赶时间的顾客光临。这真让人头疼。

与周边专柜的营业员建立“互帮互助”的关系

即便说“顾客是上帝”，但面对生理现象，谁都是忍不住的。为了预防类似的“突发事件”，作为营业员，在平时就要勤于和楼层管理员及“左邻右舍”专柜的店员打招呼，从而建立起友好的关系。这一点非常重要。

在拜托别人时，要说“不好意思，我大概○○分钟后就回来。麻烦你帮我照看一下”；等到回来后，要说“真的帮大忙了，谢谢你”，不要吝于表达感谢之意。同样，在周边专柜因人手不够而发愁时，也不要吝于伸出援手，要爽快地答应对方的请求。

要点贴士

要告知对方大概的离岗时间

我在当营业员时，和同事们有一套离岗时的“暗号”——一个眼神，一个动作，就能知道是去上“大号”还是“小号”。可能有人会感到困惑：干嘛要做到这个份上？但事实上，“离岗多久”是非常重要的问题，是3分钟后还是5分钟后回来，如果能够知道同事离岗的大概时间，在这期间，面对离岗的同事所负责的顾客，就能采取适当的方式予以应对。

问题 38 店员的穿着打扮让人纠结

我们店的店员可谓打扮各异，有的说是染了茶褐色头发，但颜色已经接近金色了；有的涂着浓重的指甲油；有的在指甲上画着华丽的图案，或贴着炫丽的假指甲……据我观察，顾客似乎对这种作风不太接受。但有些营业员对穿着打扮有着自己独特的“时尚品味”，我又很难去进行有效的批评指正。要通过什么方式，才能让这些营业员接受批评并加以改正呢？

“顾客的感受”才是判断基准

“店长，我想涂红色的指甲油。”当我还在卖场工作时，曾经有新人营业员对我如此抱怨。于是我问她：“营业员穿着打扮指导手册上写着，为了给顾客以好印象，应该涂淡粉色或肉色系的指甲油。你这么想涂红色是为什么？”于是她解释道，自己之所以想涂红色指甲油，是为了兼顾店内的品牌形象。“我觉得红色指甲油和我们店当季的品牌理念相符合，我想把这种品牌印象传达给顾客……”的确，在我们店当季的品牌宣传中，时装模特的化妆都是清一色强调红色系的风格。于是我许可了她的要求：“因为商场有规定，所以如果涂了红色指甲油的话，你就没法站在店头待客了，不过既然是为了顾客，你就先试试看吧。”

第二天，那名新人涂上了红色指甲油，满脸的兴奋喜悦。根据商场规定，没法让她在店头待客，所以我就让她制作 DM。结果不到一个小时，她就主动对我说："店长，果然涂红色指甲油是不行的，"她解释道，"指甲一划到 DM 用的明信片上，就会留下颜色。"所以说，身为管理人员，要在平时就和营业员建立起能够"敞开心扉"地互相交流彼此想法的关系。让营业员们主动自觉地去思考"怎样才是能够获得顾客好感的穿着打扮"。之后，那位新人成了店里"规范穿着打扮"的积极分子和带头人。

要点贴士

穿着打扮的规范也在随着时代而变化

营业员穿着打扮的基准并非一成不变。从诸如“允许染茶褐色头发，但颜色不能太亮”之类的规定就能看出，相关的基准有“逐渐宽松”的倾向。据说有的行业已经允许营业员自由地涂指甲油和贴假指甲了。

核 对 表

□顾客的投诉有助于完善商品说明及改良卖场

□要认真记录顾客的投诉案例，并与全体店员共享

□在“通过电话待客”时，要比与顾客面对面时更注意“以诚相待”。

□如果在待客时具有“顾客把宝贵的时间交付给了自己”的意识，那么即便是简单的一句道歉，也会显得诚意倍增。

□要先把商品的缺点如实告知给顾客，然后再向顾客说明商品的优点。

□要在平时就与商场中“左邻右舍”的工作人员积极交流、搞好关系，以便在营业员人手不够时能够做到互帮互助。

□像头发颜色、指甲油颜色等与营业员穿着打扮相关的基准，顾客的感受是其最为重要的依据。

5

营业员的培养与团队协作

“个人前进十步比不上大家前进一步”，这才是营业员这个行业应有的氛围。如果店里的营业员能够团结一致，一起检查“卖场的各处细节对顾客而言是否有良好的‘用户体验’”、一起思考“为了让顾客成为自家店铺品牌的‘粉丝’、为了让顾客感到愉悦，大家应该怎么做”等业务问题，最终就会使整家店的销售额得到提升。

问题 39 营业员之间陷入互相竞争的局面

我们店营业员的个人能力都很强，但过于显露的竞争意识及前辈对后辈的打压，使得整个卖场总是充满着“剑拔弩张”的紧张气氛。作为管理人员，我真心希望店里的所有营业员能够齐心协力、发挥团队精神、笑容满面地接待顾客。该怎么做才能打破这样的局面呢？

顾客对于营业员之间的人际关系也很敏感

回头客不断增多的店铺，都有一个让顾客“欲罢不能”的共同亮点。那就是“每位店员都面带发自内心的笑容，站在店内迎接顾客”和“全体店员‘万众一心’的团结风貌”。营业员之间人际关系和谐的店铺，往往具备“以团队为单位，以顾客为上帝”的体制。反之，如果上下等级关系过于严格、个人销售任务指标繁重、互相竞争激烈，那么每名店员都会陷入孤立的境地，同事之间也无法彼此敞开心扉交流，从而导致卖场的气氛变得紧张。这样一来，不管营业员表面上如何满脸堆笑，顾客还是能够自然而然地感受到卖场的“负能量”。不管在何种情况下，对店铺而言，最为理想的环境都是一样的：店员能够共享信息、齐心协力，以一个整体、一个团队为单位，认真接待每一位顾客。

因此，营业员之间要摒除由于个人销售额的高低、年龄和经验的差距所形成的隔阂，围绕“一切为了顾客”的方针原则，努力建立一种“彼此无话不谈”的关系。通过做到信息透明、信息共享，乃至追求店员之间的心灵交流，使店铺的整体待客保持在高水准上，从而打造一个“洋溢着自然笑容”的店铺。

问题40 激发新人的工作热情

刚踏上营业员岗位的新人由于经验不足，面对卖场严酷的现实工作坏境，不少人都会情绪低落。身为管理人员，我对新人同样也是采取“该表扬的时候表扬、做得不到位的时候批评指正，但要如何才能同时让新人变得阳光开朗并富有工作热情呢？

新人是最贴近顾客的人

为了让新人能够充满活力地工作，首先上司要对新人表示认同。其关键在于认真倾听新人的心声。在经验丰富的资深员工眼中，新人或许有许多靠不住的地方。但另一方面，新人也有着老员工所不具备的强项——经验尚浅。正因为缺乏经验，才能够“站在与顾客贴近的立场，以顾客的视角来审视卖场、商品及营业员”。当我还是新人的时候，就时常以顾客的视角观察整个卖场，把自己的疑问、发现及创意写在自己的记事本上。当时的职场有着严格的上下级关系，所以我无法把自己的想法反映给前辈们。但也正因为如此，当我成了管理者时，便致力于打破这种上下级的隔膜，让自己和下属之间建立起“交流感受、畅所欲言”的平等沟通关系。

如果经验丰富的老员工能够倾听新人的心得、创意和疑惑，就等于是在倾听消费者的意见。不仅如此，还要善于发现新人的特长，让其特长“为店铺所用”，比如让新人在自身擅长的领域发挥主观能动性，以“提出问题”→“研究改良策略”→“企划”→“实行”的流程方式，持之以恒地努力钻研。当新人创造的成果收获了旁人的感谢和赞许时，他就会品尝到自我价值实现的喜悦，从而激发出高涨的工作积极性。

问题 41

渴望具有“决定性”的创意

我们店的店长和副店长一直互相分享创意、致力于卖场的改良工作。但总是局限于“小修小补”，缺少一些具有“决定性”的措施。这让他们很头痛，可又没有经费去外面请专家来“指点迷津”，该怎么做才好呢？

要“吸收”新人营业员的意见

在着手卖场改良工作时，要让全体店员“群策群力”。因为每个人都有自己独特的想法和感受，而就算是同一个人，其每天的感受亦会发生变化。正因为如此，店员之间经常相互交流感受和分享创意就显得非常重要。打个比方，如果有五个人，便会产生五倍的创意及心得，如果能够建立一个信息共享机制，大家就能分享到“五人份”的信息。

例如，以某一项服务或某一件商品的优缺点为主题，让全体店员各抒己见。每名店员都有自己的价值观、都有别人所未能察觉的新发现和能直接取悦顾客的“启发式诀窍”。如果受店员尊敬的店长和副店长能号召大家“为了让卖场能给顾客带来更好的愉悦体验，请大家务必鼎力协助”，则下属们势必会积极踊跃地出谋划策。这么做还能为建立“不分职位高低，大家畅所欲言地交换意见”的职场关系带来契机。倘若能做到这点，那不久之后，店长和副店长便会切身感受到营业员身上所发生的可喜变化——对顾客的言语更加敏感，待客更加体贴入微。关键在于相互交流和共享信息与创意，这一点做得越到位，就越能让更多的顾客获得愉悦体验。

问题 42 大家无法做到“团结一心”

倘若如此不景气的状况持续下去，是否只有“让卖场的营业员互相比拼个人销售业绩”这一条路可以走了？这样的烦恼一直困扰着我，但我的本意还是希望店员能团结一心、专注待客，让来店的顾客随时都能感受到“品质稳定”的待客服务。因为我觉得，从长远来看，这样的方式才能真正提升店铺的业绩。身为指导营业员的管理者，该以怎样的“路线方针”引导大家呢？

避免"内部竞争"，以"店铺整体"为单位展开待客服务，就能提升顾客的满意度

如果让营业员互相比拼个人销售业绩，就等于是拉开了"顾客争夺消耗战"的序幕。结果便是经验丰富、资格老的营业员"君临卖场"，新人们则被"发配"到"后场"去做诸如内仓配货和制作 DM 等事务性工作。

在我当店长时，所制定的方针是"销售额也好，信息也好，都由全体营业员共享"。另一方面，我对营业员的要求也做了相应的转变：大家不需要互相比拼销售额，但是要群策群力，努力思考取悦顾客的方法。于是，每位营业员根据自身的特长，都成了相应领域的负责人，大家纷纷提出彻底的改良对策，并认真付诸实施，其涵盖了各个领域、各个方面。比如，内仓负责人花费一周时间整理了内仓，结果使得内仓“摇身一变”，几乎成了一家牛仔裤专柜——不管是谁，一眼就能搞清各货品的位置和数量。于是原先花在补货和订货上的时间减少了，使得更多的营业员能够站在卖场接待顾客了。在向总部汇报营业员个人完成的销售额时，我采用“销售额÷营业员人数”的计算方式。通过这样的方法，使得我们店的氛围焕然一新。营业员们共享各自所获得的“有利于待客”的信息；只要是为了顾客，无论职位高低，大家可以畅所欲言。信息一旦共享，全体营业员就能齐心协力地认真接待每一位顾客，顾客的满意度自然会提高。其结果是：之前靠营业员个人能力无法完成的高额销售目标，通过团队合作的方式得以完成。并且还伴有“提升营业员工作积极性”和“降低营业员离职率”的意外效果。

问题

43

希望营业员能发挥主观能动性

我们卖场的营业员个个态度认真，面对顾客也能做到“诚实尽责”。但可惜的是，他们总是缺乏一点自主性。要怎么做才能让营业员积极地出谋划策，从而对卖场及待客方式进行改良呢？

引入“负责人制度”，让每位营业员都成为各个具体领域的“小领导”

我在当店长时，引进过一种“负责人制度”。即让每位店员成为自己擅长或感兴趣的领域的负责人（责任担当者）。比如，字写得好的就当“DM 负责人”；喜欢整理东西的就当“店头整理负责人”、手部动作漂亮利索（比如在做接物、搁笔等日常动作时）的就当“举止负责人”等。即便是很小的特长，也要使其发挥作用。店员成为某个领域的负责人后，就要求其发挥相应的作用——把该领域的分内工作做到极致，并主动自觉地提出问题和解决对策。比如，当时我们的店里有名店员，这里姑且称她为“小 A”。小 A 对自己的待客能力没有信心，但她的笑容非常有魅力。于是我对她提出了这样的要求：“你的笑容真是太美了！多亏了你，咱们店的氛围都变得阳光开朗了，而且其他店员似乎也受到了你的感召而笑得更美了。请你务必担当‘笑容负责人’，让大家的笑容变得更加灿烂。”

人一旦得到了他人的认同、一旦发现了自我的价值，就势必会提升自己的主观能动性。不仅如此，人在某个领域被“委以重任”后，就会获得自信，以这样的“积极体验”为契机，还能渐渐克服自己之前所不擅长的事。上面提到的“小 A”便是如此，在成为“笑容负责人”之后，她渐渐发现了待客工作的价值和乐趣所在，从而迅速成长为一名优秀的营业员。几年之后，总部在市中心新开了一家临街的专卖店，而她则当上了那里的店长。

问题 44 与生产现场的沟通

直接听取顾客心声的营业员，对自家商品最为熟悉的生产人员。我认为：这两者如果能进一步地沟通交流，那么双方不但能更好地获取“有利于顾客”的信息，还能提高双方的工作积极性。但具体该如何实现呢？

把顾客的喜悦更好地传达给生产现场

有一位女士曾经向我倾诉过她的经历。她在一家饭店当了 20 年的服务员，60 岁之后又被分配到厨房负责洗盘子。虽然她一直是临时工，但当地熟客与她关系亲近，从厨房角落张望顾客的笑脸，几乎成了她生活的意义。可那家饭店的食品工厂却因为一个生产工序的失误，导致有问题的食物出现在了饭店的餐桌上，最终导致工厂倒闭。她在讲述工厂倒闭的经过时，我能感受到她沉痛的心情。她说："我当时满心愧疚。"让我印象深刻的是，她对工厂——这个饭店的"生产部门"没有半句责怪的言语。不仅如此，她还饱含热泪地说："客人脸上洋溢着笑容、津津有味地品尝店里的饭菜。我当时应该更多地把这些情景传达给工厂的员工。”

我在当洋装店的营业员时，也非常重视“把顾客的心声反馈到商品的生产现场”，因此她的话让我感同身受，我当时情不自禁地和她一起落泪。她的话中包含着“经商”的基本道理。即便是与顾客没有直接交集的部门，其中的员工也应该保持这样的意识——自己现在所做的工作与顾客紧密相连。因此作为营业员，必须仔细聆听顾客的一言一语、一字一句，并且尽可能多地把顾客的喜悦和要求传达给生产现场。

问题45 如何对待心态消极的店员

有的营业员当初明明是因为喜欢待客类工作才入了这一行的，可每次从“前场”回到“后场”时，都会表现出消极情绪：“现在的顾客啊，真是……”“说来说去，不就是○○嘛”“反正大家都没啥干劲”……在卖场明明表现得积极努力，可一到“后场”就满嘴抱怨。身为管理者，我担心这样会对其他营业员造成不良影响，该怎么做才能有效地对这种营业员进行批评指正呢？

行动是语言的反映，首先要让语言充满正能量

有的人不管遇到什么事，都会以消极的方式思考、以消极的语言表达。而如果营业员中有这种人，那这种负面情绪就会“传染”给同事乃至顾客。要应对这种情况，就要从“语言”本身入手。语言是非常微妙的东西，有时候只要稍微改变一下看问题的角度，就会让原本负面消极的表达方式变得正面积极，而情绪也会相应地变得积极向上。所以，越是对待心态消极的店员，就越要以积极的态度对其表示肯定：“你能冷静地审视现实、直言不讳，所以我觉得你是能够想出解决对策的不二人选。希望你能参与思考、出谋划策，让大家能够以积极的态度朝着正确的方向前进。”

此外，还可以围绕“正能量表达方式”这一话题，让大家一起参与思考。比如日常沟通中的一些措辞用语："不好意思"→"谢谢"；"不可以那么做"→"这么做比较好"；"我可以帮你这个忙"→"请让我帮你一下"；"因为……所以行不通"→"如果……的话，就能行得通"；"只有一个了"→"还有一个呢"；"那里危险"→"这里安全"等等。开展该活动时，要以心态消极的店员为重点对象，让他们努力学会以"正能量表达方式"进行沟通交流。这样一来，整个卖场的氛围自然会变得阳光开朗。如果店员取得了一定的成果，不要忘了对其进行表扬："多亏了你，大家在工作岗位上变得快乐多了。真的谢谢你。"

要点贴士

当描述一个人时，可以采用的积极肯定的表达方式

“羸弱”→“纤细”　　“肥胖→富态”

“消瘦”→“身形纤细、身材苗条”

“沉不住气”→“行动派”“吵闹→有精神”

“优柔寡断→温柔善良”

“耿耿于怀→对自己严格要求”

“顽固→坚持原则”　　“自虐型→谦虚”

“傲慢→独立自主”　　“神经大条→心胸开阔”

“人来疯→能够活跃气氛的人”

“态度冷淡→深思熟虑”

问题 46 “努力推销”造成了逆反效果

我的一位店员（下属）善于提出“小点子小建议”，她在向顾客推销时，善于诱导顾客“几件一起买更合算”，所以她所接待的顾客往往一下子买不少，可几天后来退货的顾客也不少。看到她为了提高销售额如此努力，身为管理者的我不想去伤害她的自尊心，但又想对她进行引导，有什么好办法吗？

要让全体店员“共享纠纷”

顾客与店铺之间发生的纠纷，其实是一个能让全体店员思考“营业员的职责是什么”这一问题的好机会。在顾客的认知中，营业员等同于店铺（企业）。通过让全体店员“共享”店内发生的问题，努力达到“改善店铺整体待客质量”的效果。没有顾客，就没有企业。提高顾客的满意度，是站在“基层第一线”的营业员的职责所在。顾客由于不满意而退货的理由是各式各样的，因此店员首先要倾听顾客的诉求，充分了解退货的原因。

在我当店长时，一旦发生顾客退货或投诉的情况，就会在事先准备好的“投诉专用笔记本”上，按照时间顺序详细记下投诉的原因、问题点、改进建议、结果、处理方法等内容。并且把内容公示给全体店员，让大家共享。而当时接待那位顾客的营业员则与负责人（店长）一起做报告发言，率先提出改进建议。与此同时，还让全体店员都在笔记本上写下自己的主意和想法，通过“发动全体店员共同解决问题”的方式，使店员们学会类似情况的应对措施，从而促进店员的成长、改善店铺的整体水准。问题中提到的那位营业员既然善于提出“小点子小建议”，那么完全可以鼓励她更加“先人一步”、带头思考“如何让顾客在购入商品后仍然能保持满意度”。

问题 47 把握“表扬”和“批评”的分寸

身为管理者，为了让营业员能够面带笑容地站在卖场，我在平时总是采取“表扬式指导”的方法。可一个劲儿地表扬营业员的结果是，营业员无法认识到自己的不足之处，误以为“自己是优秀的”，甚至得意忘形地认为“目前的工作环境与自己的努力付出不成正比”……我担心这样的错误认识会导致营业员丧失“一切为顾客着想”的工作精神。希望能教教我如何把握“表扬”和“批评”的分寸。

当营业员“给顾客添麻烦”时要进行批评

一个人倘若在职场被表扬、切实感受到“自己被需要”的自我价值，那么自然就会产生“想发挥更大作用”的意欲，从而发奋努力。可以说，表扬一个人，等于是对其存在价值表示认同。如果把缺乏经验的新人与老资格的员工相比，那么眼里看到的自然尽是新人的不足之处，于是就难以体察新人的努力、发现新人的个性。另一方面，当新人“给顾客添麻烦”时，就要进行批评。身为管理者，如果能把“一切为了顾客”的意识时刻谨记于心，就自然能够明确地分清“何时批评”“何时表扬”。把握“表扬或批评的条件”以及“表扬或批评的时机”，这一点非常重要。譬如“你刚才的笑容太美了！值得大家学习！”“那位顾客在离开时还依依不舍地回头看了你哦！这是你真诚待客的成果”……所谓表扬，其实就是对下属的成长进步所表现出的喜悦。下属的成长进步就是卖场的成长进步。管理者把这样的喜悦之情如实传达给下属，便是对下属的表扬。而像“谢谢你所作出的努力”之类的言语，也是一种明确的表扬。此外，上司通过表扬下属，还能渐渐增加自己对下属的“宽容度”，而对下属而言，则会提高自身的工作积极性。

问题 48 如何打造一支强大的团队

我干营业员这行，如今已是第三个年头了。我们企业的理念是“数字至上主义”“实力至上主义”。每天工作紧张，很难保持工作热情。支撑我坚持不辞职的动力是顾客的谢意和笑容。每当顾客对我说“谢谢”，每当顾客对我露出笑容，都能让我的工作压力得到释放，从而振奋精神。如今，我被任命为了店长。

在当下“零售业的冬天”，身为店长，应该打造怎样的团队，才能提高下属的工作热情呢？

从“提升员工满意度（ES）”到“提升顾客满意度（CS）”

顾客的一句“谢谢”，对营业员而言，可谓是“无上的幸福”。如果能做到每天思考“如何为眼前的顾客发挥作用”，那么即便跳出营业员的职业条框，从“作为一个普通人”的角度来看，也是一种值得敬佩的态度。我在指导营业员待客的过程中，会引导营业员倾吐自己的心声，有的营业员苦恼于找不到自身的存在价值，含着泪对我说：“我下个月辞职回老家。我已经心力疲惫了。”问其理由，她回答道：“自己得不到上司的肯定，也得不到公司的认同。”繁重的销售任务让她喘不过气，工作热情无从提高。

所谓销售额，其实源于顾客的满意度（CS）。让营业员感到“精神振奋”的顾客的笑容，其实是营业员真诚待客的产物。如果管理者一味地执着于眼前的销售数字，就往往容易忘记一个道理——员工满意度（ES）与顾客满意度（CS）息息相关。因此要以“为了让顾客展露笑颜”的共同目标为旗帜，营造一种沟通顺畅、透明公开的职场氛围，即“一切以取悦顾客为目的，大家不论职位高低，彼此畅所欲言地交流创意和想法”。并且，当顾客对店员报以笑容时，整个团队共同分享喜悦之情。而一个营业员笑容洋溢的卖场，能让顾客也感觉轻松自在。

核对表

□店员之间如果能打破职位高低的隔膜、建立一种能“开诚布公、畅所欲言”的关系的话，就能在待客过程中发挥团队精神。

□新人营业员能够“站在与顾客贴近的立场”看问题，因此在对卖场进行改进时，他们能够提供宝贵的启发性建议。

□要善于发现每位店员的特长，让他们成为相应领域的负责人，这样能够激发出更多的改进方法。

□如果把顾客的喜悦传达给制造现场，就能提高生产人员的工作积极性。

□对于爱抱怨的店员，要对其进行引导，首先要让他的语言表达充满正能量。

□当店员“给顾客添麻烦”时就要对其进行批评。

□当在与顾客的交流过程中收获了喜悦时，要把它和全体营业员分享。

6

回归『一切为了顾客』的初心

“说到底，究竟为什么要规定营业员对顾客说‘欢迎光临’呢?”“要如何做，才能让一句‘谢谢’说到顾客的心坎里呢?”“怎样才能取悦顾客呢?”“要如何备货，才能让顾客乐于选购呢?”“怎样才能让顾客在购物过程中获得更多满足和感动呢?”“应该如何向顾客推荐商品呢?”……作为一名营业员，如果类似上述的问题让你感到一筹莫展，就请试着回想一下自己把中意的商品拿在手上时的喜悦、自己作为顾客时与营业员之间愉快的交流体验，以及自己当初成为营业员的动机。如果像这样“回归初心”的话，就肯定能找到改进待客方式的启示。越是重视这些基本要素的营业员，就越是能够“紧紧抓住顾客的心”。

问题49 怎样以“自己的话”来问候顾客

我们专柜所在的百货商场下了一个通知：所有品牌的营业员禁止再使用像“欢迎光临”这种“烂大街”的“揽客问候语”。“欢迎光临”对营业员而言，是最最基本的问候语，因此大家都感到困惑。要如何理解商场的这条新规定？要用什么问候语来代替“欢迎光临”呢？

“欢迎光临”不止一个“版本”

“欢迎光临”这句问候语包含了对顾客由衷的谢意：“您在这么多家店中选择了我们，真的非常感谢。”如果营业员忙于手头工作，在说“欢迎光临”时不看着顾客的眼睛，那么无论声音多么洪亮，也无法传达到顾客的心坎里。

我觉得上述那家百货商场之所以提出这样的新规定，其初衷是为了让各专柜审视自身存在的一个普遍性的待客问题：营业员像机器人一样，对每位顾客都以语调千篇一律的“欢迎光临”来应付。一句问候语，根据不同的顾客，可以做到“十人十样”。如果考虑到每位顾客的不同状态，甚至可以说是“十人百样”。试想一下，当你所珍视的贵客拜访时，当你的挚友在百忙之中特意拜访时，当你的恋人满面愁容地拜访时，当你的祖父祖母从乡下老家来拜访时……你的问候语自然会做到真情流露，也自然会敏感地观察对方的表情。正因为有顾客的存在，才有营业员工作的喜悦。所以我希望营业员在迎接顾客时，以“发自内心的欢迎之情”致以问候。这样一来，即便是同样一句“欢迎光临”，也会由于语调、笑容和视线的变化而大为不同。为了做到让问候语“直达顾客心灵”，可以先和同事相互练习。通过这种练习，还能站在“被问候方”的立场上，切身体会“温暖的问候语”直达自己心灵时的感受。

问题
50
何为问候语所发挥的“意外作用”

刚刚踏上营业员岗位的应届毕业生问我：“这些待客用的问候语真的必要吗？”这真让我一时答不上来。要怎样说明，才能让这些新人理解卖场中使用问候语的意义和重要性呢？

问候也是一种收集信息的方式

营业员在卖场中使用的问候语，除了“创造交流契机”的作用外，还有更深层次的意义。受到喜欢与人打招呼的母亲的熏陶，我打小就爱和别人打招呼。不仅对左邻右舍，就连车站小卖店的阿姨，我都会每天笑着打招呼。于是，“咦？这人今天好像无精打采呢”“啊！那人换了发型”……就像这样，我渐渐能够察觉到周围人的变化。如果能较早地察觉到身边人的变化，就能在问候寒暄之后，对他们给予夸奖或安慰。

身为营业员，应该把这样的原理运用于待客，从而提升对顾客的“敏感度”。锻炼敏感度的工具便是问候语。如果能以问候语为契机，对顾客产生兴趣并持续观察，就能发现每位顾客的魅力、想法及变化等特征。即要在对顾客说“欢迎光临，您好”的瞬间，对顾客观察到位，从而在第一时间推测出顾客想说什么、想要什么。要点在于“充满好意地问候”。通过这种方式，就能够感受到对人“抱以好意、开展沟通”的过程。作为营业员，首先要从平时与同事间的问候做起，在和同事打招呼时，多一份观察与关心。这样一来，就能让职场氛围变得富有人情味儿，且势必能切身体会到问候的重要性。

问题 51

不擅长角色扮演训练

我干营业员这一行还不久。我喜欢在卖场接待顾客，也一心想取悦顾客，但每次待客实践测验，我的“角色扮演”项目成绩总是很差，这挫伤了我的工作积极性。我个人觉得与角色扮演之类的训练相比，在工作现场竭力为顾客服务、提升销售额更为重要。我该怎么做，才能以积极的心态去面对角色扮演训练呢？

共享信息，克服弱点

在我曾经工作过的百货商店里，也有类似的营业员。她不擅长角色扮演训练（以下简称“角色扮演”），但在卖场却能够“抓住顾客的心”。她那“善于与顾客拉近心灵距离”的待客技巧，是被大家所公认的。可她却不擅长在人前发表自己的成果心得，由于太过紧张，总是无法发挥原有的实力。

要想以积极的心态去面对角色扮演，可以在卖场营造“营业员之间信息共享”的环境。由于待客是营业员与顾客“一对一”的对话形式，所以只有作为“当事人”的营业员才知道对话内容。因此营业员之间应该围绕着“哪里取悦了顾客”“哪里让顾客失望了”“每件商品的理念及特性”“根据 TPO（时间、场合、地点）所采用的不同推销方式”“服饰搭配建议”等业务内容相互交流。比如，针对一件商品，全员各自提出其优点，把大家的心得和想法共享，之后在向顾客推销这款商品时，就能起到帮助。此外，有关服饰搭配与调整的提案，还能够激发大家想出更多的“小点子小建议”。面对顾客投诉亦是如此，如果卖场的全体员工能够共享问题与解决方法，就能对改良工作起到帮助。像这样，通过在卖场中做到“信息公开”“信息共享”，就能够找出让顾客更为愉悦的待客方法。而这正是角色扮演的根本目的。

问题 52 保持积极的心态

“零售业的冬天”长时间持续，商品卖不出去，营业员渐渐难以在待客过程中找到工作价值。在这样的状况下，怎样才能让营业员保持积极的心态呢？

回归原点，不忘初衷

在我还是高中生时，曾经碰到过一位非常好的营业员姐姐。我当时非常憧憬她们店的品牌，但身为学生的我，没有钱买。可她仍然把她们店的纸袋、DM和贴纸等小礼品送给我。无论如何都想买一件她们店T恤的我，于是拼命打零工，终于赚到了买T恤的钱。当我满怀喜悦地赶到那家店，那位营业员姐姐微笑着对我说："你的T恤，我早为你留好了。"要知道，我之前可完全没有拜托过她为我留T恤。

当时是DC品牌（详见P195的"要点贴士"）的全盛期，在那个时代，只要被人称为"House Mannequin"（详见P195的"要点贴士"）的营业员在店里一站，商品真的是"有多少卖多少"，再加上那家店的品牌人气很高，因此营业员为顾客保留货品的行为，其实是一种禁忌。面对拿着心仪的T恤满眼放光的我，那位姐姐还对我提了好几种崭新的穿着建议："在T恤里面穿长袖的话，那么这件T恤冬天也能穿哦！在T恤外面围条围巾也很潮的！""穿校服的时候，用这件T恤代替里面的运动衫试试……"这次购物经历，让我打心里感到喜悦，我心想：时尚打扮真是让人开心的事儿！真是买对了。在如此被幸福感围绕的同时，我又在心中暗暗起誓：有一天，我也要成为像那位营业员姐姐一样的人！销售工作是以商品为媒介，能够给予他人以梦想、丰富他人的心灵、让他人展露笑颜的工作。希望从事营业员这一行的朋友们不要忘记自己的工作是如此美好。

要点贴士

了解80年代那些令人怀念的时装界用语

DC品牌——在20世纪80年代的日本，曾经引发全社会热潮的本土国产成衣品牌的总称。DC是“Designer's & Character's”的首字母缩写。

House Mannequin——对身穿自家品牌的服装、站在卖场待客的营业员的称呼。House Mannequin的工作职责包括“身穿自家品牌服装的宣传模特”“回答顾客有关流行时尚、穿着搭配等问题的时尚顾问”“负责进货的买手”“对于营业员的穿着打扮提出建议、把顾客的心声传达给总部企划部门的咨询员”等。相当于如今负责所有品牌时尚相关事务的营业员。

问题 53

被批评“态度冷淡”

总部派遣的 Mystery Shopper（暗访调查员）的报告书上，注明了对我们店员的批评意见：使用“七大待客问候语”时态度冷淡，让人感觉不快。可我觉得我们的店员在问候顾客时都能做到口齿清楚、声音洪亮。毕竟在繁忙的时候，光是做到不对顾客“漏打招呼”就已经够呛了。要针对何处进行改进、且如何改进呢？

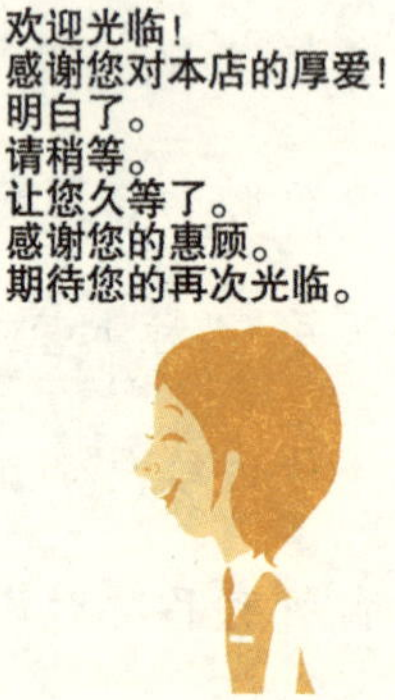

笑容是所有言语的基础

作为营业员，首先要对顾客展露“充满好意的笑容”，让顾客感觉自己被接纳。可就算在心中绷着“要保持100％的完美笑容”这根弦，当业务繁忙时、开票时或整理商品时，脸上的笑容往往还是容易在不经意间消失。营业员的笑容能让顾客的心境变得平和，从而使得营业员在向顾客传达信息或表示诚意时更为顺畅。要在此基础上，重新审视“七大待客问候语”。根据行业和店铺的不同，待客用语会有微妙差异，但要认识到它们的共通之处——都是以向顾客表达谢意为目的的用语。

即便是同一句问候语，对100位顾客使用，就会有100种反应。顾客的表情也好，顾客反应的“冷热程度”也好，都是“百人百样”的。作为营业员，要注意认真观察顾客，对每位顾客都报以礼貌且真诚的问候。此外，还要留意顾客的表情。当以“欢迎光临，您好”的言语问候顾客时，顾客的表情是怎样的？顾客的心境其实就像一面镜子，能“映照”出营业员自身的心境。我的建议是：找一个机会，以顾客的身份，试着走访一下生意兴隆的店铺。有一家人气店铺至今让我印象深刻。当我和营业员“四目相对”时，营业员对我报以真诚的问候，让我感到“自己的确受到了真心的欢迎”。所以说，只有“以诚待人、真心传达”，才能算是把问候“做到位了”。

要点贴士

“七大待客问候语”也有各种“版本”

根据行业和店铺的不同，“七大待客问候语”也会有所不同。比如，有的店铺不用“请稍等”“让您久等了”，取而代之的是“非常抱歉”“实在不好意思”。

问题

54

对于总部暗访的调查结果无法接受

总部对于我们店铺的暗访调查报告称：营业员没能做到以笑脸迎客。给人以冷淡的印象。我对此无法接受。作为营业员，我时刻不忘对顾客报以笑容，也能做到努力思考、做好本职工作。换作平时，我们还能做得更好，只是接受暗访调查时正巧出了点问题而已，只能说是不走运。总部的调查员仅凭一瞬间的判断，就对我们做出批评。这会挫伤我们团队整体的工作积极性。这样的暗访调查，真有存在的必要吗？

“一瞬间的负面印象”所起的决定性作用

当调查结果不太好时，作为被调查对象的店铺方面往往会觉得调查员“故意抓住自己的疏忽之处说事儿”。但事实上，这种“瞬间的疏漏”正是广大顾客能够察觉而营业员却察觉不到的“盲点”。换言之，如果能对这样的“盲点”加以改进，就能取悦更多的顾客。店铺周围半径 20 米内是潜在顾客的聚集区，他们会从各个角度对该店铺进行比较和打量，从而决定自己是否光顾。

如果想招揽新客源，就需要让顾客对店铺“每一瞬间”的氛围都产生好印象。此外，越是常客，对店铺的负面因素就越敏感，每名营业员的表情都逃不过他们的“法眼”。当顾客对店铺失望时，基本上是不会特意把这种感受告诉给营业员的。而暗访调查的目的便是“站在顾客的角度，发现店铺应该改进的不足之处”。而营业员自身也应该站在顾客的立场，以客观的视角观察卖场，之后与同事相互交流自己所发现的问题点，并且付诸改进。如果营业员能在“一切为了顾客”的共同目标下，培养“互相关心、互相体谅”的精神，当面对批评时，自然就能摆正心态，做到以“谢谢批评指正”的感恩之心去坦然接受。通过这样的方法，让营业员最终在工作时能养成一个好习惯：当有营业员在待客时出现疏漏（比如背对着顾客，或者绷起脸等情况）时，其他同事会在保持笑容的前提下，不动声色地向那位营业员发出提醒的“暗号”。

问题55 面对难以推荐的商品……

我很幸运，被分配到了自己非常喜欢的品牌专柜。店里的商品基本上都能唤起我的喜爱之情，因此我也能满怀信心地向顾客推荐。但有时也会出现极为偶然的情况——新到的货品让我错愕和发愁。当然，这样的商品往往会成为滞销货。但既然入了这一行，身为“专业人士”，我觉得这样是不对的。对于这种商品，要怎样才能做到向顾客积极推荐呢？

“不喜欢”的情绪反而是一种机遇

营业员对自己所推荐的商品“非常喜欢”的感情，往往能够十分到位地传达给顾客。相反，当碰到自己“不喜欢”的商品时，不妨把这看作是一种“拓展自我价值观”的机遇。

在我从事营业员工作时，我非常喜欢自家的品牌，可以说是自家品牌的“铁杆粉丝”。简直到了“想把自家店里的所有商品都收入囊中”的程度。有一次，店里到了一批新款T恤，其中，我们品牌的惯有色系（白色、黑色、肉色、灰色）占了大部分，但其中却有一款配色“奇葩”的T恤，看起来就像是雨蛙的肤色。说实话，我对那款T恤真是喜欢不起来，于是在陈列货品时，把它叠放在惯有色系的最下面，就像把它藏起来一样。之后，那些惯有色系的T恤马上就成了店里最为热销的商品，而那款“雨蛙色”的T恤却一件都没卖出去。我自以为自己一直把店里的所有商品都当成“自己孩子”一样喜爱，但一旦碰到不喜欢的，却还是不知不觉地把它变成了“最没人要”的商品。

我觉得这也太“对不住”那款T恤了，于是咬牙自费买了一件，想看看它是否有可取之处。连我周围的同事都惊讶地问我：“你居然买了那款!?”可当我试着穿上它后，就发现了它的亮点：显得脸很有精神；搭配黑色外衣或配饰后，能产生鲜艳的对比效果。最后，我的同事们也都了解了该T恤的优点，于是全员都穿着它站在卖场待客，结果不久后，“雨蛙色”T恤就成了最畅销商品。

要点贴士

不要被既有的价值观所束缚

“不喜欢”的情绪反而是一种“拓展自我价值观”的机遇。对于这样的商品，不要对其采取回避态度，而是更要靠近它、触摸它、尝试它。你自然能发现其魅力所在。

核对表

□一句“欢迎光临”，要根据顾客的类型及当时的具体情况来调整语调及表情。

□问候语并不单单是一种礼仪，还要把它看作是一种提高“揣摩顾客心理”的敏感度的锻炼工具。

□不要把角色扮演训练仅仅停留在其字面的意义层面上，而要把自己的成功事例与全体员工分享。

□如果待客工作遇到了瓶颈，就站在顾客的立场上，回想自己经历过的“愉快的购物体验”。

□要虚心接受暗访调查员的批评指正，把它视作顾客的心声、卖场改良工作的启示。

□即便是自认为难以向顾客推荐的商品，如果自己先尝试一下，往往能发现其意料之外的魅力。

PRESENT
FOR YOU
SHOPPING

“服务的细节” 系列

《卖得好的陈列》：日本“卖场设计第一人”永岛幸夫

定价：26.00 元

《为何顾客会在店里生气》：家电卖场销售人员必读

定价：26.00 元

《完全餐饮店》：一本旨在长期适用的餐饮店经营实务书

定价：32.00 元

《完全商品陈列 115 例》：畅销的陈列就是将消费心理可视化

定价：30.00 元

《让顾客爱上店铺 1——东急手创馆》：零售业的非一般热销秘诀

定价：29.00 元

《如何让顾客的不满产生利润》：重印 25 次之多的服务学经典著作

定价：29.00 元

《新川服务圣经——餐饮店员工必学的 52 条待客之道》：日本“服务之神”新川义弘亲授服务论

定价：23.00 元

《让顾客爱上店铺 2——三宅一生》：日本最著名奢侈品品牌、时尚设计与商业活动完美平衡的典范

定价：28.00 元

《摸过顾客的脚才能卖对鞋》：你所不知道的服务技巧，鞋子卖场销售的第一本书

定价：22.00 元

《繁荣店的问卷调查术》：成就服务业旺铺的问卷调查术

定价：26.00 元

《菜鸟餐饮店 30 天繁荣记》：帮助无数经营不善的店铺起死回生的日本餐饮第一顾问

定价：28.00 元

《最勾引顾客的招牌》：成功的招牌是最好的营销，好招牌分分钟替你召顾客！

定价：36.00 元

《会切西红柿，就能做餐饮》：没有比餐饮更好做的卖卖！ 饭店经营的“用户体验学”。

定价：24.00 元

《制造型零售业——7-ELEVEn 的服务升级》：看日本人如何将美国人经营破产的便利店打造为全球连锁便利店 NO.1！

定价：38.00 元

《医患纠纷解决术》：日本医疗服务第一指导书，医院管理层、医疗一线人员必读书！ 医护专业人职必备！

定价：38.00 元

《迪士尼店长心法》：让迪士尼主题乐园里的餐饮店、零售店、酒店的服务成为公认第一的，不是硬件设施，而是店长的思维方式。

定价：28.00 元

《女装经营圣经》：上市一周就登上日本亚马逊畅销榜的女装成功经营学，中文版本终于面世！

定价：36.00 元

《医师接诊艺术》：2 秒速读患者表情，快速建立新赖关系！ 日本国宝级医生日野原重明先生重磅推荐！

定价：36.00 元

《超人气餐饮店促销大全》：图解型最完全实战型促销书，200 个历经检验的餐饮店促销成功案例，全方位深挖能让顾客进店的每一个突破点！

定价：46.80 元

《服务的初心》：服务的对象十人百样，服务的方式千变万化，唯有，初心不改！

定价：39.80 元

更多本系列精品图书，敬请期待！

图书在版编目（CIP）数据

最强导购成交术／（日）北山节子 著；周征文译. —北京：东方出版社，2015. 5
（服务的细节；27）
ISBN 978-7-5060-8220-4

Ⅰ. ①最… Ⅱ. ①北… ②周… Ⅲ. ①销售—方法 Ⅳ. ①F713. 3

中国版本图书馆 CIP 数据核字（2015）第 118646 号

服务的细节 027：最强导购成交术
（FUWU DE XIJIE 027：ZUIQIANG DAOGOU CHENGJIAOSHU）

作　　者：［日］北山节子
译　　者：周征文
责任编辑：吴　婕
出　　版：东方出版社
发　　行：人民东方出版传媒有限公司
地　　址：北京市东城区东四十条 113 号
邮政编码：100007
印　　刷：三河市中晟雅豪印务有限公司
版　　次：2015 年 7 月第 1 版
印　　次：2017 年 5 月第 2 次印刷
印　　数：6001—9000 册
开　　本：880 毫米×1230 毫米　1/32
印　　张：7. 25
字　　数：87 千字
书　　号：ISBN 978-7-5060-8220-4
定　　价：36. 00 元
发行电话：（010）85924663　85924644　85924641